ß

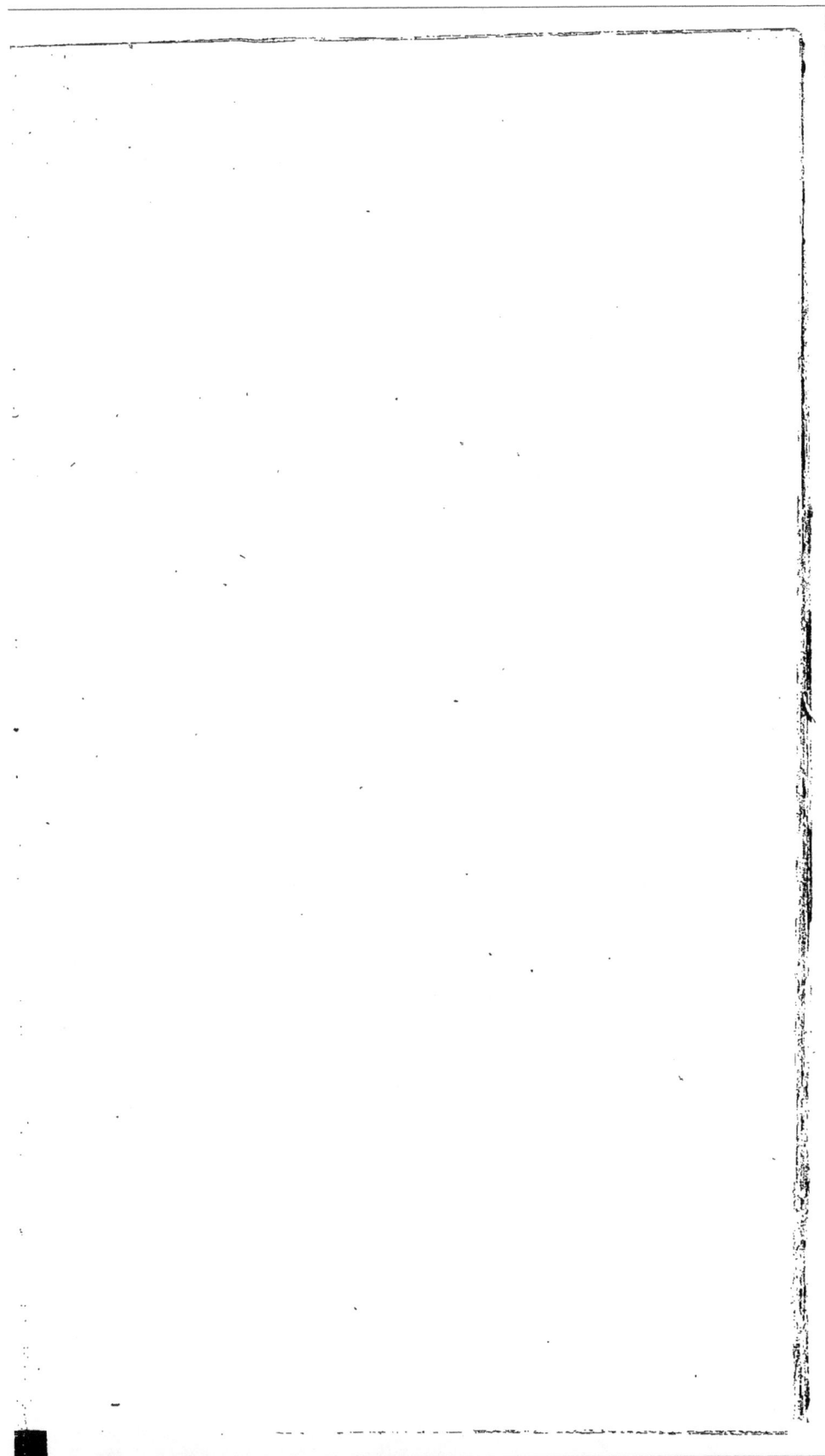

MONUMENS

D'ÉLOQUENCE MILITAIRE.

OUVRAGES NOUVEAUX,

Qui se trouvent chez les mêmes Libraires.

L'Esprit de Napoléon, recueilli tant dans ses publications, ses *dictées* et ses ordres du jour, que dans ses discours; par M... qui était de ses conseils, et l'accompagna dans ses campagnes. In-8°. Prix br. 2 fr. 5o cent. et 3 fr. franc de port.

Maximes et Pensées du Prisonnier de Sainte-Hélène, manuscrit trouvé dans les papiers de Las-Casas, traduit de l'anglais. In-8°. Prix, broché, 2 fr. 5o c., et 3 fr. franc de port.

Correspondance de Bernadotte, prince royal de Suède, *avec Napoléon*, depuis 1810 jusqu'en 1814; précédée de *notices* sur la situation de la Suède depuis son élévation au trône des Scandinaves; *pièces officielles* recueillies et publiées par *Bail*. In-8°. Prix, broché, 2 fr. 5o c., et 3 fr. franc de port.

La Charte constitutionnelle en 1821, in-8°. Prix, br. 1 fr. 5o c. et 1 fr. 75 c. franc de port.

Nota. La *censure* a défendu expressément aux journaux d'annoncer cette brochure, qui présente les violations patentes de la Charte, d'après les lois, actes et ordonnances, etc. etc.

Histoire des six derniers mois de la vie de Joachim Murat, publiée à Naples par le général *Colletta*, et traduite de l'italien par *L. Gallois*. Un volume in-12. Prix, broché, 2 fr. 5o c., et 3 fr. franc de port.

De l'Esprit de la Jeunesse française, par *P. G. Bonnain*, étudiant en droit. In-12. Prix, broché, 1 fr. 8o c., et 2 fr. 25 cent. franc de port.

Nota. La *censure* a également défendu aux journaux d'annoncer ces deux ouvrages, qui sont très-intéressans.

MONUMENS

D'ÉLOQUENCE MILITAIRE,

OU

COLLECTION RAISONNÉE

DES PROCLAMATIONS

DE

NAPOLÉON BONAPARTE;

PRÉCÉDÉE D'UN ESSAI SUR LES CAMPAGNES DE LA LIBERTÉ,
POUR SERVIR D'INTRODUCTION A L'OUVRAGE.

PAR CONSTANT TAILLARD.

A PARIS,

CHEZ L'HUILLIER, LIBRAIRE,

RUE SAINT-ANDRÉ-DES-ARCS, N° 18.

ET CHEZ L'AUTEUR, AUX SALLES D'ÉTUDE DE L'ÉCOLE DE DROIT,
rue St-Étienne-des-Grés, n° 2, près le Panthéon.

1821.

INTRODUCTION.

Opprimée depuis l'expulsion des Romains, la France venait de reconquérir ses droits naturels, et Louis XVI n'était plus roi que de nom.

L'esprit de liberté dominait partout. Le peuple, cette masse vénérable de la nation, commençait à sentir sa dignité. Désespérés du sort dont ils étaient menacés, les patriciens désertaient le territoire de la patrie pour porter sur de lointains rivages leur orgueil et leur nullité.

Comme ils tenaient de leur naissance les premiers rangs dans les armes, ces rangs restèrent par leur fuite dépourvus de titulaires. Ce fut sur cette entrefaite que l'on vit tous les souverains se liguer contre la république naissante. Alors tout ce qu'une grande nation peut montrer d'enthousiasme et d'énergie fut déployé par la nation française.

La France avait à combattre l'Autriche et la Prusse, qui s'étaient déclarées contre son nouveau gouvernement. D'abord elle les vit s'approcher sans crainte : elle les attendait même encore, lorsqu'un manifeste, publié de Coblentz par le duc de Brunswick, la fit courir aux armes et bientôt à l'ennemi. Ce manifeste portait, à la honte de la politique et de l'humanité, que Brunswick venait punir comme traîtres et rebelles tous les Français qui oseraient résister aux armées étrangères.

Il fallait dans cette grande conjoncture des généraux qui possédassent et méritassent à-la-fois l'aveugle confiance des légions. On les trouva : Luckner, Lafayette et Rochambeau furent mis à leur tête, et chacun d'eux courut avec son armée sur les divers points où la gloire nationale appelait son ardeur. C'était l'Alsace, la Champagne et la Flandre.

Trois hommes immédiatement appelés à sauver la patrie méritent qu'on les rende l'objet de quelques détails. Marchant d'abord sous les drapeaux de la Hongrie, Luckner avait en vingt

endroits foudroyé nos étendars ; et, pleins d'admiration pour son génie et son courage, les représentans de la nation disaient de lui à la tri-
bune : « S'il a vaincu les Français lorsqu'il commandait les Allemands, que ne vaincra-t-il point
lorsqu'il sera à la tête des Français (1)? » Lafayette qu'enflammait un patriotisme héréditaire,
avait teint de son sang les champs américains,
et partageait avec Wasinghton l'auréole de gloire
qui éternise le souvenir des libérateurs de cette
belle contrée. Non moins justement fameux que
ses rivaux, Rochambeau avait puissamment con-
tribué, sous le maréchal de Richelieu, à la prise
de Mahon ; et, placé depuis à la tête des grenadiers de l'armée, il avait su forcer le redoutable
Luckner à chercher un refuge dans les gorges de
Salmunster (2).

Nous avons dit que la Prusse et l'Autriche
s'étaient déclarées contre la France. Leurs lé-

(1) CHATEAUNEUF, Histoire des grands capitaines.

(2) C'est Rochambaut qui avait envoyé le chevalier
d'Assas en découverte, lorsque ce dernier trouva près de
Clostercamp la mort qui l'immortalisa.

gions s'avancèrent, et la guerre éclata. Nos soldats
manquaient de tout, excepté de courage. Le 28
avril 1792, ils enlevèrent de vive force les places
de Quiévrain et de Porentruy. C'était débuter
brillamment ; mais l e second jour détruisit les
illusions que le premier avait enfantées : c'était
en Flandre, près de Marquain. Comme les deux
partis allaient en venir aux mains, des cris de
sauve qui peut se firent entendre, et soudain
l'épouvante passa dans nos rangs. L'armée de
Rochambeau ne se rallia que sous les murs de
Lille. Alors trente mille Autrichiens se consu-
maient en d'inutiles efforts contre les murs de
Landau ; Luckner en écrasait vingt-deux mille
dans les retranchemens de Fontoy, et la place
de Longwy tombait au pouvoir du roi de Prusse
qui l'assiégeait en personne.

Cette dernière opération fut regardée par les
alliés comme un triomphe éclatant. Fiers de
n'avoir pas été battus partout, les Prussiens
eurent la présomption de marcher directement
sur Paris. Kellermann les attendait, campé dans
les plaines de la Champagne. A peine aperçut-il

les têtes de leurs colonnes, qu'il les attaqua, dans la proportion d'un contre deux, leur tua neuf mille hommes, et les força de rétrograder tout en désordre. C'était le vingt septembre. La bataille dura deux jours, et ses ravages furent encore augmentés par l'intempérance des vaincus, qui, fuyant à travers les vignes, se repurent de raisins verts jusqu'à satiété, et gagnèrent ainsi une dissenterie qui les moissonna par centaines.

Tandis que nous étions victorieux à Walmy, un nouvel ennemi, le roi de Sardaigne, tentait de faire une diversion en faveur de la Prusse et de l'Autriche. Ce fut en vain : deux généraux, Anselme et Montesquiou, furent envoyés contre lui; et, de concert avec l'amiral Truguet, qui louvoyait près de la côte avec une escadre partie de Toulon, ils joignirent en huit jours ses états à nos provinces.

Un général dont nous n'avons point encore parlé, Custine, mort depuis sur l'échafaud par ordre du comité de Salut public, qui, redoutant sa prépondérance, l'accusa de trahison;

Custine, disons-nous, donnait alors sur les
bords du Rhin des preuves éclatantes de talent
et de courage. Il s'empara, presque sans coup
férir, de Spire, de Worms, de Mayence et de
Francfort. Son but était de protéger par une
habile diversion le général Dumouriez qui venait de quitter le portefeuille de la guerre pour
prendre le commandement en chef de l'armée
du Nord.

Cependant la délivrance du territoire n'était
point encore consommée. Quoique plusieurs de
nos corps d'armée se trouvassent déjà fort au-
delà des frontières, les Autrichiens s'acharnaient
encore contre les murs de Lille et de Thionville.
Les garnisons de ces deux places déjouèrent par
un courage héroïque tout ce qui fut tenté contre
elles ; et, sortant tout-à-coup du sein des ruines
brûlantes dont elles étaient couvertes, forcèrent
les Autrichiens à abandonner leurs remparts (1).

(1) C'est au siége de Thionville qu'un de nos proscrits,
M. Merlin, jeta les premiers fondemens de sa gloire.
Voyant faiblir la constance du général Wimpfen, il dé-
pouilla les fonctions d'huissier qu'il remplissait, s'em-

Vers le même temps Kellermann reprit aux Prussiens Longwy, dont nous avons dit qu'ils s'étaient emparés, et l'œuvre miraculeux de la liberté française fut définitivement accompli.

Rarement un peuple victorieux met un terme à sa course : s'est-il délivré, il cherche à envahir, et c'est ici ce que l'événement prouva. Chargé de s'emparer de la Belgique, Dumouriez attaque près de Jemmape (6 novembre 1792 les cinquante mille Autrichiens du prince Albert; et, foudroyant tout ce que la valeur oppose à ses coups, s'empare en triomphateur de Mons, de Tournay, de Limbourg, de Bruxelles, de Tirlemont, de Liége et de Namur. De son côté La Bourdonnaye, qui avait tout préparé pour assiéger régulièrement Anvers, vit les portes de cette ville s'ouvrir à lui dès le premier boulet qu'il lança contre elles. Ainsi finit la campagne de 1792.

Celle de 93 semblait devoir être moins heu-

para du commandement en chef, et sauva la place. Ce beau trait fut à-la-fois la source de ses honneurs et de ses infortunes.

reuse. Non-seulement l'armée était dans le dé-
nûment le plus complet, mais encore un dégoût
fondé sur le plus injurieux abandon ranimait
chaque jour les espérances de l'ennemi. Ces espérances furent trompées en Piémont par Biron,
mais justifiées en Sardaigne et en Allemagne par
Truguet et Custine. Cependant Dumouriez s'a-
vançait. Maître de la Belgique, il porta ses vues
sur la Hollande. Déjà les places de Bréda et de
Klundert étaient en son pouvoir, et tout lui promettait de l'établir sous peu de jours sur l'autre
rive du Moerdick, lorsqu'il se vit arrêté tout-à-
coup par une faute de son lieutenant Miranda.
Ce général venait d'être défait sous les murs de
Maëstricht par soixante-dix mille ennemis dont
il n'avait pas su se garantir. Custine n'était pas
plus heureux en Allemagne. Chassé de Francfort,
moins par les troupes du roi de Prusse que par
une révolte ouverte de la population, ce général
abandonnait sa conquête, et se reployait sur le
Rhin.

C'était peu encore : des partisans secrets du
gouvernement tombé soufflaient sur les provinces

de l'ouest l'horrible feu des guerres civiles. Les frères, les filles, les époux s'y massacraient par esprit de parti avec une barbarie qui fait rougir d'être homme. Il fallut envoyer des troupes pour les soumettre, et l'on diminua d'autant la force effective de l'armée.

Cependant Dumouriez avait quitté la Hollande pour revenir en Belgique. Voulant reconquérir ce que Miranda avait perdu, il livra bataille et fut battu dans les champs de Nerwinde. Il lui fallut alors abandonner la contrée. Cette défaite fut le terme de sa vie politique. Forcé d'émigrer pour échapper aux ressentimens de la Convention, Dumouriez livra aux Autrichiens les quatre commissaires envoyés pour le prendre; et fut, chargé de gloire et d'infortune, demander un asyle à ses vainqueurs.

Louis XVI n'était plus, et son sang versé sur l'échafaud redoublait de toutes parts l'ardeur des ennemis de la République. Le roi d'Espagne se crut en droit de prendre les armes contre nous, et les prit en effet. Nous ne fûmes point heureux dans les premiers combats; mais si Thuie

et Château-Pignon furent illustrés par nos dé-
faites, Baygoris, le Val-Carlos, la Montagne de
Louis XIV, Mont-Louis, et Peyrestortes le furent
mille fois plus par nos victoires. En citant l'au-
dacieuse ardeur du général Servan, qui commandait en chef, nous devons signaler à l'admiration des siècles à venir neuf cents Français qui,
bloqués dans Bellegarde par une armée entière,
bravèrent pendant quarante jours l'effroyable
ravage de quatre-vingt mille bombes qu'on leur
lança.

Ce fut sur ces entrefaites que Mayence et Cassel
se rendirent. Mayence, dont le gouvernement
blâma la capitulation, se couvrit de gloire par sa
capitulation même. Sa défense fut si opiniâtre et
si prolongée; la misère surtout y fut portée à
un tel point d'horreur, que le général Aubert
Dubayet invita plusieurs officiers à dîner parce
qu'il avait à leur offrir un beau chat entouré
d'un cordon de souris.

La reddition de Mayence fut immédiatement
suivie de l'investissement par les alliés de toutes
nos places du nord. Valenciennes ne se rendit

qu'après avoir foudroyé vingt mille assiégeans ;
Cambray résista sans se rendre ; Dunkerque servit de refuge à une forte partie de notre armée
que le duc d'York avait mise en fuite près de
l'Issel ; et comme ce duc attendait, pour res-
saisir sa proie, qu'une flottille de bombardement
arrivât pour le seconder, un ancien aide-de-
camp de l'infortuné Custine, Houchard, à qui
le gouvernement venait de confier un commandement en chef, attaqua près d'Hondtschoote
les Anglais qui se croyaient toujours victorieux
(9 septembre 1795), les tailla en pièces, et déli-
vra en peu d'heures ses nombreux compagnons.
On a justement reproché au général Houchard
d'avoir mal profité de sa fortune ; mais on aurait
dû se borner à lui en faire le reproche : on ne
le fit point, et Houchard mourut comme Custine, victime de la plus funeste politique que
jamais gouvernement ait conçue. Ses derniers
travaux seront aux yeux de la postérité sa plus
belle oraison funèbre. Des commissaires étaient
en route pour l'arrêter, qu'il triomphait encore
en dix endroits, et forçait, par une intrépidité

peu commune, les bataillons anglais à fuir sur leurs vaisseaux.

L'effusion du sang innocent est presque toujours vengée par des malheurs publics. A peine Houchard a-t-il péri, que les Français sont complétement battus à Pirmasens et à Northweiler. Il est vrai que, placés sous la tutelle d'hommes entièrement étrangers à l'art des combats, les officiers généraux n'avaient déjà plus que l'ombre du commandement.

La guerre se continuait sur les autres points avec des succès variés. En Espagne, Dagobert, dédaignant de s'arrêter pour un échec éprouvé près de Truidas, emportait d'assaut la place de Campredon. En Piémont, Kellermann tuait à l'ennemi deux mille hommes, et le refoulait jusque sur son territoire. Dans les Pyrénées orientales, le général Turreau profitait de l'obscurité de la nuit pour livrer un sanglant combat dans l'étroite enceinte du camp de Boulou. C'était le combat décrit dans Mithridate (1). L'obscurité

(1) Mes soldats presque nus, dans l'ombre intimidés,
   Les rangs de toutes parts mal pris et mal gardés,

était tellement profonde, que, se prenant mutuellement pour ennemis, les soldats du même parti s'égorgeaient entre eux.

Houchard mort, Jourdan parut. Doué de toutes les qualités du général et du soldat, Jourdan débuta par délivrer, dans les champs de Wattignies, la garnison de Maubeuge, qu'un ennemi présomptueux se flattait de plonger dans les fers (13 octobre 1793). Sa gloire fut d'autant plus complète, qu'il n'avait que cinquante mille hommes déployés en rase campagne, pour en attaquer quatre-vingt mille renfermés dans des ouvrages formidables, et que, par la profonde ineptie des Conventionnels qui présidaient à la défense des assiégés, la garnison resta spectatrice oisive des efforts plus qu'humains de ses vaillans libérateurs (1).

> Le désordre partout redoublant les alarmes,
> Nous-mêmes contre nous tournant nos propres armes,
> Les cris que les rochers renvoyaient plus affreux,
> Enfin toute l'horreur d'un combat ténébreux.....
>   RACINE.

(2) Tel était alors le danger d'ouvrir un avis contraire

2

Cependant les forces battues à Pirmasens et à Nothweiler continuaient de se retirer. Elles s'arrêtèrent dans les lignes de Weissembourg pour y tenter la fortune ; mais ce fut en vain qu'elles essayèrent de s'y maintenir : indépendamment de son extrême supériorité numérique, le duc de Brunswick avait des Français dans ses rangs, et les républicains furent chassés de position en position jusque derrière la rivière de Souffet. Ceux qui ont encore présente la politique du gouvernement d'alors trouveront superflu de retracer ici l'éclatante disgrace dont on frappa les

à celui des représentans du peuple, que l'intrépide général Chancel paya de sa tête celui si naturel de fondre sur l'ennemi pour seconder Jourdan. Un mot suffira pour faire connaître Chancel. *Je ne crains pas le danger*, lui disait un jeune soldat ; *mais, après tant de fatigues et de misère, ne peut-on pas demander un peu de repos et de nourriture ? — Quel mérite y aurait-il*, répondit le général, *à courir au combat en sortant d'un bon logement et d'une bonne table ? Apprenez, jeune homme, que c'est par une longue suite de travaux et de privations qu'il faut acheter l'honneur de mourir pour sa patrie.*

généraux battus. Ces généraux furent soudain remplacés par deux hommes qui se sont immortalisés dans nos fastes militaires. Hoche et Pichegru, tous deux pleins d'ardeur, de génie et de courage, parurent à la tête des légions, et l'attention générale se porta sur eux.

De grands et sublimes travaux l'appelaient pourtant sur divers autres points. Dugommier, qui commandait alors dans les Pyrénées, écrasait à Gilette et à Utelle des forces quatre fois plus nombreuses que les siennes. Jourdan, partageant son armée, remportait d'éclatans avantages sous les murs de Guise, et faisait exécuter par le général Souham une habile diversion dans la Flandre pour rétablir, sous les yeux même de l'ennemi, d'importantes communications. Tout enfin secondait à-la-fois l'ardeur et l'impatience nationales, lorsque, fier de ses succès rapides et furieux encore des revers qui les avaient précédés, le comité de Salut-public chargea le vainqueur de Wattignies d'aller reconquérir les provinces perdues par le vaincu de Nerwinde. Mais le même ordre portant qu'en cas d'échec il faudrait incendier ces provinces, Jourdan répondit fièrement à ceux qui le lui intimaient, qu'un général républicain ne pouvait s'ériger en lâche incendiaire. Ce trait de grandeur et d'audace lui valut le sort de Cincinnatus. Ouvertement disgracié, le héros fut attendre, en traçant un sillon, que son ingrate patrie vînt réclamer de nouveau le secours de son bras.

C'était alors le temps des actions héroïques. Sur tous les points où la guerre étendait ses ravages, des traits sublimes abondaient, comme pour sécher les pleurs de l'humanité. Dans le comté de Nice, Masséna, secondant l'ardeur de ses compagnons, portait son artillerie à bras sur les crêtes perdues des rochers de Castel-Genest. A Haguenau, le bataillon de l'Indre auquel Pichegru avait alloué 1,200 francs pour s'être distingué dans le combat, y ajoutait 642 francs pour en secourir les veuves et les enfans de ceux qui venaient de perdre la vie; à Bitche, dans une surprise nocturne, un habitant voyant que l'obscurité trompait les efforts de nos soldats, mit le feu à sa propre maison pour éclairer le champ de bataille. Qu'un homme né dans la pourpre dévaste ses états pour affamer son ennemi, cet homme, quoi qu'il en arrive, ne hasarde ou **ne** compromet qu'une existence totalement étrangère à la sienne ; mais qu'un simple citoyen, qui ne possède au monde d'autre bien que la chaumière de ses pères, la sacrifie par patriotisme, et s'expose aux ressentimens des vainqueurs si le parti qu'il seconde est vaincu, il y a là plus qu'il ne fallait dans les anciennes républiques pour obtenir des statues ou être solennellement couronné.

Un grand malheur était arrivé depuis peu de mois sur les côtes de la Méditerranée ; Toulon venait d'être livré aux Anglais par l'amiral Trogoff ; et la nécessité de reconquérir cette ville amena de nouveau l'effusion du sang humain. Ce fut Dugommier qui se chargea de cette grande opération (27 août 1793). Il l'accomplit au milieu des horreurs dont l'ennemi vaincu signala sa fuite ; mais ce ne fut pas ce que cette partie de notre histoire offrit de plus important. Un jeune capitaine d'artillerie se montre pour la première fois, et tous les yeux jusqu'alors fixés sur nos grands ressorts politiques, semblent, en se portant sur lui, deviner qu'il doit un jour les éblouir de son éclat : cet officier était le capitaine Bonaparte. A peine tiré de la pépinière des héros, il montre l'ardeur d'Achille et l'expérience de Nestor.

Si des traîtres (car il s'en trouve par-tout) nous trahissaient dans les Pyrénées pour livrer aux Espagnols les places de Saint-Elme, de Port-Vendre et de Collioure, Hoche, que l'ineptie des Conventionnels avait frappé d'un revers près de Keiserlautern, réparait brillamment, sur les hauteurs de Freschweiler et de Werdt, ce que la guerre avait eu jusqu'alors de désastreux pour nous. Ses soldats se mutinant pour obtenir des quartiers d'hiver, il mit à l'ordre de l'armée que les rebelles n'auraient pas l'honneur de marcher au premier combat; et le repentir qu'enfanta cette menace porta les républicains jusque sous les murs de Landau. Wurmser y tenait Gilot dans la plus horrible misère. A l'instant le jeune général français dispose ses bataillons, les harangue, donne le signal, et le fier Autrichien est forcé de nous rendre, avec le fort Vauban, les places de Gémersheim, de Spire et de Lauterbourg. C'est là que finit la campagne de 1793.

Celle de 1794 s'ouvrit sous des auspices plus heureux. Carnot, que la volonté nationale venait de mettre à la tête de l'administration de l'armée, avait fait succéder l'ordre aux abus et la discipline à la licence. Le 5 février ramena sur les frontières d'Espagne les combats et la victoire. Les noms de Frégeville et de Lespinasse s'y firent admirer des véritables Français, et le camp des Sans-Culottes fut immortalisé par les sentimens généreux que ces deux chefs y firent éclater (1).

(1) Obligé de s'absenter, le général Frégeville avait remis le commandement au général Lespinasse. L'ennemi parut, et succomba. Il fuyait lorsque Frégeville revint. Modeste autant qu'intrépide, le vainqueur voulut rendre le commandement au chef qui le lui avait confié : *Tu en as trop bien usé*, lui répondit Frégeville; *achève ton ouvrage, et que ta patrie te doive cette belle journée tout entière.*

Hoche méditait au nord l'invasion du Palatinat.
Il osa faire part de ses desseins au comité de
Salut public; et celui-ci, qu'effrayait déjà l'as-
cendant du guerrier sur l'esprit de l'armée, n'y
répondit qu'en jetant le général Hoche dans
les prisons de la Conciergerie. Nous avons com-
paré dans cette narration Jourdan à Cincinnatus : l'identité devient parfaite ; car, à l'exemple
du vieux général romain, Jourdan fut reporté,
par l'autorité qui le renversa, du manche de sa
charrue à la tête des armées. A peine y reparut-
il que la place d'Arlon nous fut rendue, et que
douze mille Autrichiens furent écrasés sur les
hauteurs de Merzig.

Masséna déployait en Piémont toute la constance et l'habileté d'un capitaine consommé. Les
villes d'Oneille, de Loano, d'Ormeo et de Garcs-
sio, le petit Saint-Bernard et le Mont-Valaisan,
tout cédait comme de concert à l'excellente di-
rection de ses efforts, et mettait sur tous les points
l'armée d'Italie en communication avec celle des
Alpes, pour compléter par le fait la libre occupation de la Savoie. Dugommier, qui depuis

quelque temps remplaçait Dagobert, n'était pas
moins heureux dans le Roussillon. Par lui cette
province était délivrée de la présence des Espagnols, et s'abandonnait avec une tranquille indépendance au penchant national qui l'attachait
à la république. Pichegru combattait au nord
avec des succès plus variés : il est battu à Villars-
en-Gauchics, à Noirieu, à Destreux ; mais il gra-
vit en vainqueur les hauteurs de Bossut pour se
joindre aux trente mille hommes du général
Chapuis, et brave un éclatant revers essuyé par
ces derniers, pour entreprendre avec eux un
nouvel envahissement de la Belgique. Il avait
pour lieutenans Souham, dont les preuves étaient
faites comme soldat, et Moreau, qui aspirait à
faire les siennes comme général. Son début fut
d'écraser dix-huit mille Autrichiens près de Mœs-
crœn, et d'entrer victorieux dans Menin, Thuin
et Courtray. Ayant remporté cet avantage, il
chargea ses lieutenans d'aller garantir ses communications avec la place de Lille des attaques
redoublées que le duc d'York opérait contre elles,
et se porta de sa personne au secours de l'aile

droite qui venait de perdre quatre mille hommes et trente canons au pied des remparts de Charleroi, par la fougue ridicule du conventionnel Saint-Just. Souham et Moreau justifièrent en cette occasion la haute confiance dont ils étaient comblés; et l'immense avantage qu'ils remportèrent près de Tourcoing (18 mai 1794) eut cela de grand et de particulier, qu'il le fut à l'instant même où l'empereur François II, qui prétendait encore anéantir la république, traçait emphatiquement dans Tournay ce qu'il osait appeler le plan de destruction des républicains. On a vu peu d'époques plus fécondes en événemens heureux. Desaix triomphait à Schifferstadt; Dugommier reprenait aux Espagnols Saint-Elme, Port-Vendre et Collioure; Jourdan attaquait dans la plaine de Fleurus les quatre-vingt-dix mille Autrichiens du prince de Cobourg, et décidait, par une victoire éclatante, du sort de la campagne(1);

(1) Pour s'assurer plus positivement des positions de l'ennemi, Jourdan avait lancé dans les airs un ballon portant des hommes, et fixé au sol par des cordages. La

l'armée du nord s'emparait de Nivelles, d'Ostende, de Mons, de Bruxelles, et se joignait immédiatement à celle de Sambre-et-Meuse pour se mettre à même de frapper de nouveaux coups : portée à vingt-huit mille hommes, celle du Rhin écrasait le général Mollendorff dans ses retranchemens de Platzberg ; et celle de la Moselle enlevait à l'ennemi cinq mille hommes, ses magasins et son artillerie qu'il avait crus jusqu'alors parfaitement en sûreté dans le camp de Tripstadt.

Cependant le comité de Salut-public avait improuvé la jonction de Jourdan et de Pichegru ; et, sans daigner écouter les sages représentations qu'on lui fit, il ordonna qu'une dangereuse dislocation suivît immédiatement cette jonction salutaire. Louvain et Malines n'en tombèrent pas

correspondance entre ces hommes et lui s'opérait au moyen d'un papier chargé d'un plomb, que ceux-ci faisaient glisser le long de la corde jusqu'à terre, et d'un papier simple que les vents poussaient par le même moyen depuis la terre jusqu'au ballon.

moins en notre pouvoir. Alors, pressentant la consternation que de pareils succès devaient jeter dans les rangs des alliés, la Convention décréta peine de mort contre toute garnison qui, sommée de se rendre, oserait lutter plus d'un jour : cette menace amena la reddition de Landrecies.

Il se passait alors de grands événemens dans l'île de Corse. Paoli, à qui le comité de Salut public en avait confié le gouvernement, essayait de la livrer aux Anglais, qui lui en promettaient la vice-royauté, et l'on envoyait contre lui le général Lacombe-Saint-Michel. Ce fut vainement que ce général déploya toutes les ressources du talent et du courage : secondés par les vaisseaux anglais chassés du port de Toulon, les rebelles furent victorieux partout, et l'île entière nous fut enlevée.

D'importans avantages éclataient en Espagne, comme pour faire oublier la défection de la Corse. Rien n'y résistait aux généraux Dugommier et Moncey. Dugommier plantait l'étendard de la république sur les remparts fumans de Bellegarde ; Pérignon, sur ceux de Figuières ;

Moncey, sur ceux de Toloza, de Saint-Sébastien et de Fontarabie. Il est à remarquer que l'une des places les mieux en défense et les plus formidables de l'Europe, Figuières, se rendit presque sans résister. C'est que les forces morales de ses défenseurs étaient anéanties par l'inconcevable rapidité de nos succès. Nous citerons à cette occasion le propos que tint le commandant ennemi à un de nos officiers : « Si, au lieu de dix mille Espagnols, j'avais eu trois mille Français, vous n'auriez jamais été maîtres du fort. »

Les places de Valenciennes, de Trèves et du Quesnoy venaient de nous être rendues ; Liége et Aix-la-Chapelle étaient à nous ; Maestricht balançait à se rendre, et s'y déterminait ensuite par une nouvelle victoire que Jourdan venait de remporter près du village d'Aldenhoven. Parvenu sur les frontières de la Hollande, Pichegru rejeta les Anglais jusque sur la rive opposée de la Meuse et de l'Aa, les battit à outrance dans les marais d'Oude-Watering ; et, satisfait d'avoir pu faire de Bois-le-Duc une base à ses opérations,

se porta dans Bruxelles pour y organiser l'administration de la Belgique.

C'était ou jamais l'occasion d'envahir la Hollande : la Convention le sentit, et chargea Moreau
de cette grande expédition. Moreau ne fut point
heureux; il échoua sur tous les points d'attaque,
et il arriva ce qu'il arrive toujours lorsque les
lauriers du succès ne justifient pas les entreprises
du courage : on traita de ridicule cet admirable
projet.

Pichegru, à qui peut-être on en était rede-
vable, était loin d'en avoir cette opinion. Voyant
qu'un froid de 17 degrés couvrait d'une glace
épaisse les rivières, les canaux et les inondations
de la Hollande, il conçut l'ingénieuse idée de
conquérir le pays en adaptant des crampons de
fer aux talons de ses soldats, se remit à la tête
de l'armée, fit ses dispositions, et courut à l'ennemi. C'était un véritable enchantement que de
voir d'immenses légions se déployer avec tout
leur matériel sur les obstacles mêmes qui leur
étaient opposés. Vainement le stathouder effrayé
demanda la paix : Pichegru, qui avait un intérêt

majeur à terminer sa conquête avant la fonte des
glaces, répondit fièrement qu'il ne recevrait de
propositions que dans les murs d'Amsterdam.
Il tint parole. Amsterdam fut prise; les Anglais
furent chassés des contrées qu'ils occupaient
encore : la Hollande tout entière se soumit aux
lois de la France; et, pour imprimer au triomphe
des républicains l'inimitable sceau de l'immortalité, toute l'armée navale des Anglais fut prise
par la cavalerie française dans les glaces du Texel
qui la tenaient captive.

Tous ces prodiges étaient à peine accomplis,
que le général Pérignon ouvrit la campagne de
1795 sur les bords de la Fluvia. Il débuta par
porter le siége devant Roses, et s'empara de cette
place par des moyens que tous les ingénieurs re-
gardaient comme impraticables. C'était un spectacle merveilleux que de voir nos soldats s'atte-
ler à des canons, et les traîner par des chemins
taillés dans le roc à 2000 toises au-dessus du
niveau de la mer.

Cependant le roi de Prusse n'avait pu voir sans
terreur la Hollande tomber au pouvoir des Ré-

publicains. Il trembla pour ses états, demanda la paix, et l'obtint. Dire la joie que cette nouvelle répandit dans le sein du peuple et de l'armée serait au-dessus du génie même de Tacite. Un roi demander grace au peuple souverain ! Il semblait alors aux enfans de la liberté que cette sanglante humiliation devait être le sort du monde.

Libre de tourner contre de nouveaux ennemis les troupes employées jusqu'alors à contenir la Prusse, le comité de Salut public chargea l'armée du Rhin de reconquérir les places de Mayence et de Luxembourg, que les Autrichiens tenaient encore. La seule ville de Luxembourg se rendit, et le dénouement de son siége eut cela de particulier, que douze mille Autrichiens bien portans, et richement approvisionnés, capitulèrent dans des ouvrages formidables devant onze mille Français périssant à-la-fois de dénuement, de maladie, de fatigue et de misère.

L'armée des Pyrénées occidentales était dans un état plus déplorable encore. Moncey n'en persista pas moins dans la résolution de combattre, et déjà la province de Bilbao était en son pouvoir, lorsqu'une dépêche du gouvernement lui apprit qu'à l'exemple de la Prusse, l'Espagne avait demandé et obtenu la paix.

On put alors diriger contre le Piémont et l'Italie les troupes qui avaient jusqu'alors combattu dans les Pyrénées. Schérer les commandait. Quoique ce général n'eût aucune des grandes qualités qu'il fallait pour ce poste important, il ne laissa pas que de remporter près de Loano une des plus belles victoires de cette guerre. L'occupation de Savone et de Vado fut le glorieux résultat de cette éclatante journée.

L'armée de Sambre-et-Meuse faisait de son côté d'immenses préparatifs. Déployée entre Neuss et Coblentz, elle franchissait le Rhin sous le feu redoublé de deux cents pièces de canon, qui, échangeant leurs boulets avec un effroyable mugissement, la couvraient tout entière d'une voûte de fer, de flammes et de fumée. Devenu maître de Dusseldorff, Jourdan porta, par la rive droite du fleuve, le siége devant Mayence. Pichegru l'assiégeait lui-même par la gauche, mais avec d'autres vues que celles de servir son pays.

3

Qui pourra jamais le croire ? Malgré les affreux soupçons qui planaient sur sa tête, Pichegru fut préféré à Jourdan pour le commandement en chef des deux armées réunies. Il jeta dix mille hommes dans Manheim, et déclara qu'ayant des ressources suffisantes dans les réquisitions dont il frappait le pays conquis, la République pouvait se dispenser de s'en occuper. Mais cette apparente générosité n'était qu'un raffinement de trahison. Ainsi qu'il le prévoyait, la misère, la défiance, l'insubordination ne tardèrent point à se mettre dans l'armée. Cette armée naguère si brillante, si confiante, si soumise, ne fut bientôt plus qu'un ramas de bandes indisciplinées, qui, dévorées par tous les genres de besoin, se rebellaient ouvertement contre leurs propres chefs.

Instruit *par Pichegru même* du déplorable état de notre armée, l'ennemi fondit sur nos bataillons, et les rejeta sans peine jusque sur la rive gauche (1). Ce ne fut pas là que se borna

(1) M. le duc de Raguse, alors capitaine Marmont,

notre infortune : les dix mille hommes abandon-
nés dans Manheim tendirent indistinctement les
mains aux fers injurieux que l'ennemi leur pré-
senta. Cependant les deux partis avaient également besoin de repos. Les Autrichiens firent le
premier pas, et le cours de la Nahe fut choisi
pour ligne de démarcation.

C'est là que finit la campagne de 1795. Un
nouvel âge va s'ouvrir avec celle qui la suit, et
l'homme qui doit attirer sur lui tous les yeux de
l'univers, est ce même capitaine Bonaparte dont
nous avons parlé au siége de Toulon. Il joint aux
plus grands talens militaires le génie qui crée,
le sang froid qui combine au sein même des

montra dans cette retraite une sublime intrépidité. C'est
de lui qu'en ce temps la patrie pouvait dire :

> Tu n'as point démenti ma gloire et mon estime,
> Va, conserve à jamais cet esprit magnanime :
> Que Rome admire en toi son éternel soutien.
> Grands Dieux ! que ce héros soit toujours citoyen !
> Dieux ! ne corrompez pas cette âme généreuse,
> Et que tant de vertu ne soit pas dangereuse !
>
> VOLTAIRE.

3.

dangers, l'intrépidité qui est la première vertu du soldat, l'imagination qui est la source des prodiges, et cette éloquence du moment qui transporte les guerriers et renverse les empires. S'élançant d'un vol rapide des derniers emplois aux premiers grades militaires, il paraît à la tête de l'armée d'Italie, et c'est comme général en chef qu'il combattra désormais. Venez, venez le contempler, ombres immortelles des César, des Scipion et des Pompée ! A peine sorti de l'âge où l'homme est en chrysalide, il va comme par miracle amonceler sur sa tête plus de gloire, de puissance et d'honneurs que n'en eurent jamais les premiers conquérans de l'antiquité.

PROCLAMATIONS

DE

NAPOLÉON BONAPARTE.

SOMMAIRE.

Trente-cinq mille Français, commandés par Bonaparte, et placés en présence de cent-cinquante mille ennemis abondamment pourvus, périssaient de misère au sommet de l'Apennin. « *Soldats, cria leur chef, voici les champs de la fertile Italie ; l'abondance est devant vous, il faut la conquérir :* et tous se précipitant à-la-fois sur leurs nombreux adversaires, remportent comme par enchantement les célèbres victoires de Montenotte, de Dego, de Millesimo et de Mondovi (11, 14 et 17 avril 1796).

SOLDATS,

Vous avez en quinze jours remporté six victoires, pris vingt-un drapeaux, cinquante-cinq pièces de canon, plusieurs places fortes ; conquis la partie la plus riche du Piémont ; vous avez fait quinze mille prisonniers, tué ou blessé plus de dix mille hommes.

Vous vous étiez jusqu'ici battus pour des ro-

chers stériles, illustrés par votre courage, mais
inutiles à la patrie ; vous égalez aujourd'hui, par
vos services, l'armée conquérante de Hollande (1)
et du Rhin (2). Dénués de tout, vous avez suppléé à tout ; vous avez gagné des batailles sans
canons, passé des rivières sans ponts, fait des
marches forcées sans souliers, bivouaqué sans
eau-de-vie et souvent sans pain. Les phalanges
républicaines, les soldats de la liberté, étaient
seuls capables de souffrir ce que vous avez souf-
fert. Grâces vous en soient rendues, soldats ! La
patrie reconnaissante vous devra en partie sa
prospérité ; et si, vainqueurs de Toulon, vous
présageâtes l'immortelle campagne de 1793, vos
victoires actuelles en présagent une plus belle
encore.

(1) Celle qui, commandée par Pichegru, avait conquis
la Hollande sur la glace, et pris au milieu du Texel
toute la flotte anglaise qui y était arrêtée.

(2) Celle que ce même Pichegru avait vendue aux
Autrichiens, et que n'avaient pu anéantir ni la supériorité de l'ennemi, ni l'âpreté des élémens, ni la trahison
de son chef.

Les deux armées (1) qui naguère vous attaquaient avec audace, fuient épouvantées devant vous; les hommes pervers qui riaient de votre misère, se réjouissaient dans leurs pensées des triomphes de vos ennemis, sont confondus et tremblans.

Mais, soldats, il ne faut pas vous le dissimuler, vous n'avez rien fait, puisqu'il nous reste encore à faire. Ni Turin, ni Milan ne sont à vous; les cendres des vainqueurs des Tarquins sont encore foulées par les assassins de Basseville (2).

Vous étiez dénués de tout au commencement de la campagne, vous êtes aujourd'hui abondamment pourvus; les magasins pris à vos ennemis sont nombreux; l'artillerie de siége et de campagne est arrivée. Soldats, la patrie a droit d'attendre de vous de grandes choses, justifierez-vous son attente? Les plus grands obstacles sont

(1) Celles autrichienne et piémontaise, sous le commandement des généraux Baulieu et Colli.

(2) Secrétaire de la légation française, impunément massacré dans les murs de Rome.

franchis, sans doute; mais vous avez encore des
combats à livrer, des villes à prendre, des rivières à passer. En est-il d'entre vous dont le
courage s'amollisse? en est-il qui préféreraient
de retourner sur les sommets de l'Apennin et
des Alpes, essuyer patiemment les injures de
cette soldatesque esclave? Non, il n'en est pas
parmi les vainqueurs de Montenotte, de Millesimo, de Dego et de Mondovi; tous brûlent de
porter au loin la gloire du peuple français; tous
veulent humilier ces rois orgueilleux qui osaient
méditer de nous donner des fers; tous veulent
dicter une paix glorieuse, et qui indemnise la
patrie des sacrifices immenses qu'elle a faits; tous
veulent, en rentrant dans leurs villages, pouvoir
dire avec fierté: *J'étais de l'armée conquérante
de l'Italie.....*

Amis, je vous la promets, cette conquête; mais
il est une condition qu'il faut que vous juriez de
remplir, c'est de respecter les peuples que vous
délivrez, c'est de réprimer les pillages horribles
auxquels se portent des scélérats suscités par vos
ennemis; sans cela vous ne seriez pas les libéra-

teurs des peuples, vous en seriez les fléaux ; vous
ne seriez pas l'honneur du peuple français, il
vous désavouerait : vos victoires, votre courage,
vos succès, le sang de nos frères morts aux combats, tout serait perdu, même l'honneur et la
gloire. Quant à moi, et aux généraux qui ont
votre confiance, nous rougirions de commander
à une armée sans discipline, sans frein, qui ne
connaîtrait de loi que la force. Mais, investi de
l'autorité nationale, fort de la justice et par la
loi, je saurai faire respecter à ce petit nombre
d'hommes sans courage et sans cœur, les lois de
l'humanité et de l'honneur qu'ils foulent aux
pieds. Je ne souffrirai pas que des brigands souil-
lent vos lauriers ; je ferai exécuter à sa rigueur
le réglement que j'ai fait mettre à l'ordre ; les
pillards seront impitoyablement fusillés ; déjà
plusieurs l'ont été : j'ai eu lieu de remarquer
avec plaisir l'empressement avec lequel les bons
soldats de l'armée se sont portés pour faire exécuter les ordres.

Peuples de l'Italie, l'armée française vient pour
rompre vos chaînes ; le peuple français est l'ami

de tous les peuples; venez avec confiance au-
devant d'elle; vos propriétés, votre religion et
vos usages seront respectés.

Nous ferons la guerre en ennemis généreux;
et nous n'en voulons qu'aux tyrans qui vous as-
servissent.

SOMMAIRE.

L'armée d'Italie a redoublé ses victoires ; le roi de Sardaigne, le duc de Parme, celui de Modène, la république de Venise sont à ses pieds.

SOLDATS,

Vous vous êtes précipités, comme un torrent, du haut de l'Apennin ; vous avez culbuté, dispersé tout ce qui s'opposait à votre marche.

Le Piémont, délivré de la tyrannie autrichienne, s'est livré à ses sentimens naturels de paix et d'amitié pour la France.

Milan est à vous, et le pavillon républicain flotte dans toute la Lombardie. Les ducs de Parme et de Modène ne doivent leur existence politique qu'à votre générosité.

L'armée qui vous menaçait avec tant d'orgueil, ne trouve plus de barrière qui la rassure contre votre courage. Le Pô, le Tessin, l'Adda, n'ont pu vous arrêter un seul jour ; ces boulevards vantés de l'Italie ont été insuffisans : vous les avez franchis aussi rapidement que l'Appenin.

Tant de succès ont porté la joie dans le sein de la patrie ; vos représentans ont ordonné une fête dédiée à vos victoires, célébrée dans toutes les communes de la République. Là, vos pères, vos mères, vos épouses, vos sœurs, vos amantes (1) se réjouissent de vos succès, et se vantent avec orgueil de vous appartenir.

Oui, Soldats, vous avez beaucoup fait. . . . . mais ne vous reste-t-il rien à faire ?. . . . . Dira-t-on de nous que nous avons su vaincre, mais que nous n'avons pas su profiter de la victoire ? La postérité nous reprochera-t-elle d'avoir trouvé Capoue dans la Lombardie ?. . . (2) Mais je vous vois déjà courir aux armes ; un lâche repos vous fatigue ; les journées perdues pour la

_____

(1) Nul ne sut mieux que lui le grand art de séduire.

VOLTAIRE.

(2) Sur le point de détruire Rome entièrement, Annibal se laissa vaincre aux délices de Capoue, et donna aux Romains le temps de respirer.

gloire le sont pour votre bonheur.... Hé bien, partons! nous avons encore des marches forcées à faire, des ennemis à soumettre, des lauriers à cueillir, des injures à venger.

Que ceux qui ont aiguisé les poignards de la guerre civile en France, qui ont lâchement assassiné nos ministres, incendié nos vaisseaux à Toulon, tremblent.... l'heure de la vengeance a sonné.

Mais que les peuples soient sans inquiétude; nous sommes amis de tous les peuples, et plus particulièrement des descendans des Brutus, des Scipion, et des grands hommes que nous avons pris pour modèles.

Rétablir le Capitole, y placer avec honneur les statues des héros qui le rendirent célèbre, réveiller le peuple romain, engourdi par plusieurs siècles d'esclavage : tel est le fruit de vos victoires; elles feront époque dans la postérité : vous aurez la gloire immortelle de changer la face de la plus belle partie de l'Europe.

Le peuple français, libre, respecté du monde entier, donnera à l'Europe une paix glorieuse, qui l'indemnisera des sacrifices de toute espèce qu'il a faits depuis six ans : vous rentrerez alors dans vos foyers ; et vos concitoyens diront, en vous montrant : *Il était de l'armée d'Italie.*

SOMMAIRE.

Tout ce qui restait en Italie de trois armées autrichiennes successivement envoyées, venait de succomber devant l'armée française. Le pape avait obtenu la paix ; et, restant seul en armes, l'empereur d'Autriche chargeait l'archiduc Charles son frère d'aller en personne venger les revers de ses généraux.

La prise de Mantoue vient de finir une campagne qui vous a donné des titres éternels à la reconnaissance de la patrie.

Vous avez remporté la victoire dans quatorze batailles rangées et soixante-dix combats ; vous avez fait plus de cent mille prisonniers, pris à l'ennemi cinq cents pièces de canon de campagne, deux mille de gros calibre, quatre équipages de ponts.

Les contributions mises sur les pays que vous avez conquis ont nourri, entretenu, soldé l'armée pendant toute la campagne ; vous avez en outre envoyé trente millions au ministre des finances pour le soulagement du trésor public.

Vous avez enrichi le Muséum de Paris de plus

de trois cents objets, chefs d'œuvre de l'ancienne et nouvelle Italie, et qu'il a fallu trente siècles pour produire (1).

Vous avez conquis à la République les plus belles contrées de l'Europe ; les Républiques Lombarde et Cispadane vous doivent leur liberté ; les couleurs françaises flottent pour la première fois sur les bords de l'Adriatique, en face et à vingt-quatre heures de navigation de l'ancienne Macédoine ; les rois de Sardaigne et de Naples, le pape, le duc de Parme se sont détachés de la coalition de vos ennemis, et ont brigué votre amitié ; vous avez chassé les Anglais de Livourne, de Gênes, de la Corse.... Mais vous n'avez pas encore tout achevé ; une grande des-

(1) Craignant qu'on ne lui enlevât la *Communion de saint Jérôme*, le duc de Parme offrit secrètement à Bonaparte deux millions de francs pour pouvoir la conserver. Le général était pauvre, mais grand : *Honoré de la confiance nationale*, répondit-il, *je n'ai pas besoin de millions. Tous vos trésors ne valent point à mes yeux la gloire d'offrir à ma patrie un chef-d'œuvre du Dominiquain.*

tinée vous est réservée : c'est en vous que la patrie met ses plus chères espérances; vous continuerez à en être dignes.

De tant d'ennemis qui se coalisèrent pour étouffer la République à sa naissance, l'empereur seul reste devant nous : se dégradant lui-même du rang d'une grande puissance, ce prince s'est mis à la solde des marchands de Londres; il n'a plus de politique, de volonté, que celles de ces insulaires perfides, qui, étrangers aux malheurs de la guerre, sourient avec plaisir aux maux du continent.

Le Directoire exécutif n'a rien épargné pour donner la paix à l'Europe ; la modération de ses propositions ne se ressentait pas de la force de ses armées ; il n'avait pas consulté votre courage, mais l'humanité et l'envie de vous faire rentrer dans vos familles : il n'a pas été écouté à Vienne; il n'est donc plus d'espérance pour la paix, qu'en allant la chercher dans le cœur des états hérédi-taires de la maison d'Autriche. Vous y trouverez un brave peuple, accablé par la guerre qu'il a eue contre les Turcs, et par la guerre actuelle.

4

Les habitans de Vienne et des états d'Autriche gémissent sur l'aveuglement et l'arbitraire de leur gouvernement; il n'en est pas un qui ne soit convaincu que l'or de l'Angleterre a corrompu les ministres de l'empereur. Vous respecterez leur religion et leurs mœurs; vous respecterez leurs propriétés : c'est la liberté que vous apporterez à la brave nation hongroise.

La maison d'Autriche qui, depuis trois siècles, va perdant à chaque guerre une partie de sa puissance, qui mécontente ses peuples en les dépouillant de leurs priviléges, se trouvera réduite, à la fin de cette sixième campagne (puisqu'elle nous contraint à la faire), à accepter la paix que nous lui accorderons, et à descendre, en réalité, au rang des puissances secondaires, où elle s'est déjà placée, en se mettant aux gages et à la disposition de l'Angleterre.

~~~~~~

SOMMAIRE.

Le général en chef célèbre dans Milan là prise de la Bastille par les Républicains (1).

SOLDATS,

C'est aujourd'hui l'anniversaire du 14 juillet. Vous voyez devant vous les noms de nos compagnons d'armes morts au champ d'honneur, pour la liberté de la patrie. Ils vous ont donné

(1) Après différentes manœuvres, les troupes se rangent en bataillon carré autour de la pyramide, sur laquelle sont écrits les noms de tous les militaires morts au champ d'honneur.

Les vétérans, les blessés de l'armée défilent, le tambour battant au champ et au bruit des salves d'artillerie ; après quoi le général en chef passe la revue.

Arrivé aux carabiniers de la 11e demi-brigade d'infanterie légère : *Braves carabiniers*, leur dit-il, *je suis bien aise de vous voir ; vous valez à vous seuls trois mille hommes.*

Il voit avec un égal intérêt la brave 18e d'infanterie légère.

4.

l'exemple : vous vous devez tout entiers à la République ; vous vous devez tout entiers au bonheur de trente millions de Français ; vous vous
devez tout entiers à la gloire de ce nom qui a reçu
un nouvel éclat par vos victoires.

Arrivé à la 13ᵉ, qui formait la garnison du château de
Vérone : *Braves soldats, leur dit-il, vous voyez devant
vous les noms de vos camarades assassinés en votre
présence à Vérone ; mais leurs mânes doivent être
satisfaits ; les tyrans ont péri avec la tyrannie.*

Les drapeaux sont autour de la pyramide.

Le corps des officiers de chaque demi-brigade, précédé de la musique, vient les recevoir. Le général Bon
remet les drapeaux aux chefs des corps ; le général en
chef leur dit : *Citoyens ! que vos drapeaux soient toujours sur le chemin de la liberté et de la victoire !*

Le général Lahoz, commandant les troupes cisalpi-
nes, remet à ses trois cohortes ses drapeaux ; le général
en chef leur dit : *Cisalpins ! que vos légions se distinguent par leur discipline, et qu'elles soient les colonnes inébranlables de la liberté et de l'indépendance
cisalpine.*

Des hymnes patriotiques, des discours remplis des plus
purs sentimens de la liberté précèdent les jeux et les
courses.

Soldats ! je sais que vous êtes profondément affectés des malheurs qui menacent la patrie. Mais la patrie ne peut courir de dangers réels Les mêmes hommes qui l'ont fait triompher de l'Europe coalisée, sont là. Des montagnes vous séparent de la France ; vous les franchiriez avec la rapidité de l'aigle, s'il le fallait, pour maintenir la constitution, défendre la liberté, protéger le gouvernement et les républicains.

Pendant que l'armée défile, un caporal de la 9ᵉ demi-brigade s'approche du général en chef, et lui dit : *Général, tu as sauvé la France. Tes enfans, glorieux d'appartenir à cette invincible armée, te feront un rempart de leurs corps : sauve la République ; que cent mille soldats qui composent cette armée se serrent pour sauver la liberté.* Les larmes inondaient le visage de ce brave soldat.

Au dîner :

Par Bonaparte,

« Aux mânes du brave Stengel, mort aux champs de Mondovi ; de La Harpe, mort aux champs de Fombio ; de Dubois, mort aux champs de Roveredo ; et à tous les braves morts pour la défense de la liberté. Puissent leurs mânes être toujours autour de nous ; et nous prévenir des embûches des ennemis de la patrie.

Soldats ! le gouvernement veille sur le dépôt des lois qui lui est confié. Les royalistes, dès l'instant qu'ils se montreront, auront vécu. Soyez sans inquiétude, et jurons par les mânes des héros morts à côté de nous pour la liberté, jurons sur nos nouveaux drapeaux *guerre implacable aux ennemis de la République et de la constitution de l'an 3.*

SOMMAIRE.

Célébration, sous le beau ciel de l'Italie, du jour anniversaire de la liberté française.

SOLDATS,

Nous allons célébrer le 1er vendémiaire, l'époque la plus chère aux Français; elle sera un jour bien célèbre dans les annales du monde.

C'est de ce jour que date la fondation de la République, l'organisation de la grande nation; et la grande nation est appelée par son destin à étonner et à consoler le monde.

Soldats, éloignés de votre patrie, et triomphans de l'Europe, on vous préparait des chaînes; vous l'avez su, vous avez parlé: le peuple s'est réveillé, a fixé les traîtres, et déjà ils sont aux fers.

Vous apprendrez, par la proclamation du Directoire exécutif, ce que tramaient les ennemis particuliers du soldat, et spécialement des divisions de l'armée d'Italie.

Cette préférence nous honore : la haine des traîtres, des tyrans et des esclaves sera dans l'histoire notre plus beau titre à la gloire et à l'immortalité (1).

Rendons grâces au courage des premiers magistrats de la république, aux armées de Sambre-et-Meuse et de l'intérieur, aux patriotes, aux représentans restés fidèles au destin de la France; ils viennent de nous rendre, d'un seul coup, ce que nous avons fait depuis six ans pour la patrie.

(1) Il en est d'autres non moins brillans que rappela quelque temps après le drapeau présenté par le général Joubert au Directoire exécutif. On les verra détaillés en note dans la proclamation qui suit.

SOMMAIRE.

Les princes vaincus par les républicains ayant demandé qu'un congrès rassemblé dans Rastadt fixât invariablement les droits et les limites des nations, le héros quitte les braves qu'il commandait pour aller dicter lui-même les conditions qu'il met à la paix continentale.

SOLDATS,

Je pars demain pour me rendre à Rastadt.

En me trouvant séparé de l'armée, je ne serai consolé que par l'espoir de me revoir bientôt avec vous, luttant contre de nouveaux dangers.

Quelque poste que le gouvernement assigne à l'armée d'Italie, nous serons toujours les dignes soutiens de la liberté, et de la gloire du nom français.

Soldats ! en vous entretenant des princes que vous avez vaincus,..... des peuples qui vous doivent leur liberté,..... des combats que vous avez livrés en deux campagnes, dites-vous : *Dans deux campagnes nous aurons plus fait encore* (1).

(1) Voici l'ordre du jour qui suivit cette proclamation:
« Le général Bonaparte a quitté Milan hier matin,

pour aller présider la légation française au congrès de
Rastadt. Avant de partir, il a envoyé au Directoire exécutif, à Paris, le drapeau de l'armée d'Italie, qui sera
présenté par le général Joubert. Il y a sur une face de
ce drapeau :

« *A l'armée d'Italie, la Patrie reconnaissante;*
sur l'autre côté sont les noms de tous les combats qu'a
livrés et de toutes les villes qu'a prises l'armée d'Italie.
On remarque, entre autres, les inscriptions suivantes :

« 150,000 *prisonniers.* — 170 *drapeaux.* — 550 *pièces de siége.* — 600 *pièces de campagne.* — 5 *équipages
de pont.* — 9 *vaisseaux de* 64 *canons;* 12 *frégates de* 32;
12 *corvettes;* 18 *galères.* — *Armistice avec le roi de
Sardaigne.* — *Convention avec Gênes.* — *Armistice
avec le duc de Parme.* — *Id. avec le duc de Modène.*
— *Id. avec le roi de Naples.* — *Id. avec le pape.* —
Préliminaires de Léoben. — *Convention de Montebello
avec la république de Gênes.* — *Traité de paix avec
l'empereur, à Campo-Formio.*

« Donné la liberté aux peuples de *Bologne, Ferrare,
Modène, Massa-Carrara,* de la *Romagne,* de la *Lombardie,* de *Brescia,* de *Bergame,* de *Mantoue,* de
Creme, d'une partie du *Véronais,* de *Chiavennes, Bor-
mio* et de la *Valteline;* au peuple de *Gênes,* aux *fiefs
impériaux,* aux peuples des départemens de *Corcyr*
de la *mer Égée* et *Ithaque.*

« Envoyé à *Paris* tous les chefs-d'œuvre de *Michel-Ange*, de *Guerchin*, du *Titien*, de *Paul Véronèse*, *Corrège*, *Albane*, des *Carraches*, *Raphaël*, *Léonard de Vinci*, etc. etc. »

« Ce monument de la gloire de l'armée d'Italie, suspendu aux voûtes de la salle des séances publiques du Directoire exécutif, attestera encore les exploits de nos guerriers, quand la génération présente aura disparu. »

SOMMAIRE.

Le général Bonaparte ayant arraché la paix à tous les
ennemis de la République, est chargé par le gouvernement d'aller fonder en Egypte une colonie puissante.
Un profond secret couvre encore ce grand dessein;
mais quarante mille hommes sont déjà rassemblés dans
le port de Toulon, et franchissent en idée l'immense intervalle qui les sépare de l'ennemi. C'est en ce moment que le guerrier paraît au milieu d'eux. Unique
auteur du projet, il imprime à tous les cœurs la noble
émulation qui doit le faire accomplir.

Soldats,

Vous êtes une des aîles de l'armée d'Angleterre.
Vous avez fait la guerre de montagnes, de plaines, de siéges; il vous reste à faire la guerre ma-
ritime.

Les légions romaines, que vous avez quelquefois imitées, mais point encore égalées, combat-
taient Carthage tour à tour sur cette même mer
et aux plaines de Zama. La victoire ne les aban-
donna jamais, parce que constamment elles furent
braves, patientes à supporter la fatigue, discipli-
nées et unies entre elles.

Soldats, l'Europe a les yeux sur vous. Vous avez de grandes destinées à remplir, des batailles à livrer, des dangers, des fatigues à vaincre; vous ferez plus que vous n'avez fait pour la prospérité de la patrie, le bonheur des hommes et votre propre gloire.

Soldats, matelots, fantassins, canonniers, cavaliers, soyez unis; souvenez-vous que le jour d'une bataille vous avez tous besoin les uns des autres.

Soldats-matelots, vous avez été jusqu'ici négligés; aujourd'hui la plus grande sollicitude de la République est pour vous. Vous serez dignes de l'armée dont vous faites partie.

Le génie de la liberté, qui a rendu dès sa naissance la République l'arbitre de l'Europe, veut qu'elle le soit des mers et des nations les plus lointaines.

SOMMAIRE.

Bonaparte a traversé les mers, au milieu des périls de toute espèce dont le plus fameux des amiraux anglais a couvert son passage. Malte est en son pouvoir, et il va descendre sur la plage d'Alexandrie : mais il doit se concilier l'esprit des peuples qu'il veut subjuguer, et il trace à ses compagnons d'armes la conduite politique doit tenir chacun d'eux.

SOLDATS,

Vous allez entreprendre une conquête dont les effets sur la civilisation et le commerce du monde sont incalculables; vous porterez à l'Angleterre le coup le plus sûr et le plus sensible, en attendant que vous puissiez lui porter le coup de la mort.

Nous ferons quelques marches fatigantes; nous livrerons plusieurs combats ; nous réussirons dans toutes nos entreprises : les destins sont pour nous.

Les Beys mamelouks qui favorisent exclusivement le commerce anglais, qui ont couvert d'avanies nos négocians, et tyrannisent les malheureux habitans des bords du Nil, quelques jours après notre arrivée n'existeront plus.

Les peuples avec lesquels nous allons vivre sont mahométans; leur premier article de foi est celui-ci : *Il n'y a d'autre Dieu que Dieu, et Mahomet est son prophète.* Ne les contredites pas; agissez avec eux comme vous avez agi avec les Juifs, avec les Italiens; ayez des égards pour leurs muphtis et leurs imans, comme vous en avez eu pour les rabbins et les évêques; ayez pour les cérémonies que prescrit l'alcoran, pour les mosquées, la même tolérance que vous avez eue pour les couvens, pour les synagogues, pour la religion de Moïse et de Jésus-Christ.

Les légions romaines protégeaient toutes les religions. Vous trouverez ici des usages différens de ceux de l'Europe; il faut vous y accoutumer.

Les peuples chez lesquels nous allons traitent les femmes différemment que nous; mais, dans tous les pays, celui qui viole est un monstre.

Le pillage n'enrichit qu'un petit nombre d'hommes; il nous déshonore, il détruit nos ressources , il nous rend ennemis les peuples qu'il est de notre intérêt d'avoir pour amis.

La première ville que nous allons rencontrer a été bâtie par Alexandre. Nous trouverons à chaque pas des souvenirs dignes d'exciter l'émulation des Français.

———

SOMMAIRE.

Maître d'Alexandrie, Bonaparte se dispose à marcher sur le Caire. Comme le peuple de cette grande cité peut avoir conçu de l'inquiétude sur ses desseins, il cherche à le calmer par des paroles de paix. Politique profond, il prend le langage qui convient aux mœurs, aux intérêts et surtout à la croyance des hommes qu'il lui importe de persuader. Il ne vient, dit-il, que pour anéantir les mamelouks, et les mamelouks furent de tous temps les oppresseurs de la nation.

Depuis trop long-temps les beys qui gouvernent l'Egypte insultent à la nation française, et couvrent ses négocians d'avanies; l'heure de leur châtiment est arrivée.

Depuis trop long-temps ce ramassis d'esclaves achetés dans le Caucase et la Géorgie (1) tyran-

(1) Voici en peu de mots l'origine et l'histoire des mamelouks. Sortis victorieux de plusieurs guerres, les Tartares vendirent en 1227 leurs esclaves au Grand-Seigneur. Ce nom d'esclave, qui se traduit en leur langue par *mamlouk,* devint bientôt fameux. Les mamelouks se révoltèrent, s'établirent en Egypte, choisirent leurs princes parmi les plus braves, et entreprirent une guerre

nise la plus belle partie du monde ; mais Dieu,
de qui dépend tout, a ordonné que leur empire
finît.

Peuples de l'Egypte, on vous dira que je viens
pour détruire votre religion ; ne le croyez pas :
répondez que je viens vous restituer vos droits,
punir les usurpateurs, et que je respecte plus
que les mamelouks, Dieu, son prophète et le
Coran.

Dites-leur que tous les hommes sont égaux
devant Dieu : la sagesse, les talens et les vertus
mettent seuls de la différence entre eux.

Or, quelle sagesse, quels talens, quelles vertus distinguent les mamelouks, pour qu'ils aient

sanglante contre le souverain dont ils avaient porté la
chaîne. Ce souverain les vainquit ; mais ne pouvant ou
n'osant les bannir des affaires publiques, il restreignit
son pouvoir sur les mamelouks à la simple suzeraineté,
et remit le gouvernement de l'Egypte dans les mains de
vingt-quatre d'entre eux qui prirent le titre de beys. Ces
vingt-quatre beys s'entr'égorgèrent pour dominer, et il
n'en restait que deux, Ibrahim et Mourad, quand les
Français parurent sur la plage d'Alexandrie.

exclusivement tout ce qui rend la vie aimable et douce?

Y a-t-il une belle terre? elle appartient aux mamelouks. Y a-t-il une belle esclave, un beau cheval, une belle maison? tout cela appartient aux mamelouks.

Si l'Egypte est leur ferme, qu'ils montrent le bail que Dieu leur en a fait. Mais Dieu est juste et miséricordieux pour le peuple. Tous les Egyptiens sont appelés à gérer toutes les places: que les plus sages, les plus instruits, les plus vertueux gouvernent, et le peuple sera heureux.

Il y avait parmi vous de grandes villes, de grands canaux, un grand commerce: qui a tout détruit, si ce n'est l'avarice, les injustices et la tyrannie des mamelouks?

Cadhys, scheys, imans, tchorbadjys, dites au peuple que nous sommes aussi de vrais musulmans. N'est-ce pas nous qui avons détruit les chevaliers de Malte, parce que ces insensés croyaient que Dieu voulait qu'ils fissent la guerre aux musulmans? N'est-ce pas nous qui avons été dans tous les temps les amis du Grand-Seigneur,

5.

(que Dieu accomplisse ses desseins!) et l'ennemi de ses ennemis? Les mamelouks, au contraire, ne se sont-ils pas toujours révoltés contre l'autorité du Grand-Seigneur, qu'ils méconnaissent encore? Ils ne suivent que leurs caprices.

Trois fois heureux ceux qui seront avec nous! ils prospéreront dans leur fortune et dans leur rang. Heureux ceux qui seront neutres! ils auront le temps de nous connaître, et ils se rangeront avec nous.

Mais malheur, trois fois malheur à ceux qui s'armeront pour les mamelouks et combattront contre nous : il n'y aura pas d'espérance pour eux ; ils périront.

SOMMAIRE.

Bonaparte, prêt d'arriver au Caire, aperçoit non loin des pyramides de Gizeh l'innombrable cavalerie des mamelouks, que commande en chef l'homme le plus courageux et le plus ardent de l'Afrique, Mourad-Bey. A cette vue, à celle de ces monumens fameux qui ont impunément bravé la main dévastatrice du temps, ses traits s'épanouissent, ses yeux brillent d'un feu divin : il se place à la hauteur des grandes destinées qu'il est appelé à remplir ; et les paroles qu'il adresse à ses guerriers transportés d'enthousiasme lui font obtenir en peu d'heures une victoire impérissable comme elles.

SOLDATS,

Vous allez combattre aujourd'hui les domina-teurs de l'Égypte. Songez que du haut de ces mo-numens quarante siècles vous contemplent (1).

(1) Si jamais pensée ne fut plus plus sublime, jamais non plus triomphe ne fut plus complet. Le résultat de la journée des Pyramides fût la destruction du premier corps des mamelouks, et des forces navales de l'ennemi. On n'avait point encore vu l'enthousiasme français porté à un si haut degré. Chacun de nos soldats combattait comme à la vue des cent générations qu'il rappelait de leurs tombeaux.

SOMMAIRE.

Cette proclamation n'a besoin ni d'historique, ni de commentaire. Célébrer à douze cents lieues de la République, au-delà des mers et chez des nations encore inconnues, l'anniversaire d'une indépendance que cinq ans auparavant nul Français n'osait espérer, quel vaste sujet de méditation pour l'homme qui consacre ses veilles à observer les révolutions des empires !

SOLDATS,

Nous célébrons le premier jour de l'an 7 de la République.

Il y a cinq ans, l'indépendance du peuple français était menacée ; mais vous prîtes Toulon : ce fut le présage de la ruine de nos ennemis (1).

Un an après, vous battiez les Autrichiens à Dego.

(1) La reprise de Toulon par les républicains fut sans doute un immense avantage remporté sur l'ennemi ; mais aucun avantage égal ou même supérieur n'avait-il donc précédé celui-là ? Selon nous, le général Bonaparte ne le rappelle d'une manière si saillante que parce qu'il entrait dans sa politique de dire aux Français : *Votre indépendance était menacée, je parus, et l'Europe à son tour trembla pour la sienne.*

L'année suivante, vous étiez sur le sommet des Alpes.

Vous luttiez contre Mantoue il y a deux ans, et vous remportiez la célèbre victoire de Saint-Georges.

L'an passé, vous étiez aux sources de la Drave et de l'Izonzo, de retour de l'Allemagne.

Qui eût dit alors que vous seriez aujourd'hui sur les bords du Nil, au centre de l'ancien continent ?

Depuis l'Anglais, célèbre dans les arts et le commerce, jusqu'au hideux et féroce Bedouin, vous fixez les regards du monde.

Soldats, votre destinée est belle, parce que vous êtes dignes de ce que vous avez fait et de l'opinion que l'on a de vous. Vous mourrez avec honneur, comme les braves dont les noms sont inscrits sur cette pyramide, ou vous retournerez dans votre patrie, couverts de lauriers et de l'admiration de tous les peuples.

Depuis cinq mois que nous sommes éloignés de l'Europe, nous avons été l'objet perpétuel des sollicitudes de nos compatriotes. Dans ce jour,

quarante millions de citoyens célèbrent l'ère des
gouvernemens représentatifs ; quarante millions
de citoyens pensent à vous. Tous disent : C'est
à leurs travaux, à leur sang, que nous devons
la paix générale, le repos, la prospérité du commerce, et les bienfaits de la liberté civile.

SOMMAIRE.

Ibrahim et Mourad Beys, refugiés l'un dans la Syrie et l'autre dans l'Egypte supérieure, entretenaient avec les principaux du Caire des intelligences funestes aux Français. Une révolte terrible éclata le vingt-un octobre 1798, pendant que le général Bonaparte était allé visiter les pyramides de Gizeh (1). A son retour il apprit qu'un grand nombre des siens, et notamment le général Dupuy, avaient péri victimes de la rébellion. Ce fut vainement qu'il offrit de pardonner aux coupables, tous osèrent persister dans l'imprudente détermination de secouer le joug des Français. Alors, déployant à leurs yeux la terrible puissance que la guerre mettait en ses mains, il les traita dans leurs propres foyers comme il traitait ses plus cruels ennemis sur le champ de bataille. « Vous avez refusé ma clémence quand je vous l'offrais, dit-il, l'heure de la vengeance est sonnée : vous avez commencé, c'est à moi de finir. »

Habitans du Caire,

Des hommes pervers avaient égaré une partie d'entre vous ; ils ont péri. Dieu m'a ordonné d'être clément et miséricordieux pour le peuple ; j'ai été clément et miséricordieux envers vous.

(1) Je pense qu'on me saura gré de rapporter ici l'entretien que le général Bonaparte eut, dit-on, dans l'une

J'ai été fâché contre vous de votre révolte; je vous ai privés pendant deux mois de votre divan; mais aujourd'hui je vous le restitue: votre bonne conduite efface la tache de votre révolte.

des pyramides avec plusieurs imans et muphtis qui l'accompagnaient. Cet entretien pourra plaire par sa singularité. On n'y vit communément en France qu'un amusement du guerrier aux dépens des sectes orientales; mais qui sait apprécier le cœur humain doit y voir et y voit en effet les ressorts mis en jeu de la plus habile politique.

BONAPARTE. — Dieu est grand, et ses œuvres sont merveilleuses. Voici un grand ouvrage de main d'hommes. Quel était le but de celui qui fit bâtir cette pyramide?

SULÉIMAN. — C'était un puissant roi d'Egypte, dont on croit que le nom était Chéops. Il voulait empêcher que des sacriléges vinssent troubler le repos de sa cendre.

BONAPARTE. — Le grand Cyrus se fit enterrer en plein air, pour que son corps retournât aux élémens. Penses-tu qu'il ne fit pas mieux? le penses-tu?

SULÉIMAN (*s'inclinant*). — Gloire à Dieu à qui toute gloire est due.

BONAPARTE. — Honneur à Allah! Quel est le calife qui a fait ouvrir cette pyramide et troubler la cendre des morts?

Schérifs, ulémans, orateurs des mosquées, faites bien connaître au peuple que ceux qui de gaîté de cœur se déclareront mes ennemis, n'auront de refuge ni dans ce monde, ni dans l'autre.

MUHAMED. — On croit que c'est le commandeur des croyans, Mahmoud, qui régnait, il y a plusieurs siècles, à Bagdad ; d'autres disent le nommé Aaron Raschid (Dieu lui fasse paix !), qui croyait y trouver des trésors ; mais quand on fut entré par ses ordres dans cette salle, la tradition porte qu'on n'y trouva que des momies, et sur le mur cette inscription en lettres d'or : L'IMPIE COMMETTRA L'INIQUITÉ SANS FRUIT, MAIS NON SANS REMORDS.

BONAPARTE. — Le pain dérobé par le méchant remplit sa bouche de gravier.

MUHAMED (*s'inclinant*). — C'est le propos de la sagesse.

BONAPARTE. — Gloire à Allah ! Il n'y a point d'autre Dieu que Dieu ; Mahomet est son prophète, et je suis de ses amis.

SULÉIMAN. — Salut de paix à l'envoyé de Dieu. Salut aussi sur toi, invincible général, favori de Mahomet.

BONAPARTE. — Muphti, je te remercie. Le divin Coran fait les délices de mon esprit et l'attention de mes yeux. J'aime le prophète, et je compte, avant qu'il soit peu, aller voir et honorer son tombeau dans la ville sacrée. Mais ma mission est auparavant d'exterminer les mamelouks.

Y aurait-il un homme assez aveugle pour ne pas voir que le destin lui-même dirige toutes mes opérations? Y aurait-il quelqu'un assez incrédule pour révoquer en doute que tout dans ce vaste univers est soumis à l'empire du destin?

IBRAHIM. — Que les anges de la victoire balaient la poussière sur ton chemin, et le couvrent de leurs ailes. Le mamelouk a mérité la mort.

BONAPARTE. — Il a été frappé et livré aux anges noirs Moukir et Quakir. Dieu, de qui tout dépend, a ordonné que sa domination fût détruite.

SULÉIMAN. — Il étendit la main de la rapine sur les terres, les moissons, les chevaux d'Egypte.

BONAPARTE. — Et sur les esclaves les plus belles, très-saint muphti. Allah a desséché sa main. Si l'Egypte est sa ferme, qu'il montre le bail que Dieu lui en a fait; mais Dieu est juste et miséricordieux pour le peuple.

IBRAHIM. — O le plus vaillant d'entre les enfans d'Issa (de Jésus Christ)! Alla t'a fait suivre de l'ange extermi-nateur, pour délivrer sa terre d'Egypte.

BONAPARTE. — Cette terre était livrée à vingt-quatre oppresseurs, rebelles au Grand-Sultan notre allié (que Dieu l'entoure de gloire!) et à dix mille esclaves venus du Canada et de la Géorgie; Adriel, ange de mort, a soufflé sur eux: nous sommes venus, et ils ont disparu.

Faites connaître au peuple que depuis que le monde est monde, il était écrit qu'après avoir détruit les ennemis de l'islamisme, fait abattre les croix, je viendrais remplir la tâche qui m'a

MUHAMMED.—Noble successeur de Scander (Alexandre), honneur à tes armes invincibles et à la foudre inattendue qui sort du milieu de tes guerriers à cheval (*l'artillerie légère*).

BONAPARTE.— Crois-tu que cette foudre soit une œuvre des enfans des hommes? le crois-tu? Allah l'a fait mettre en mes mains par le génie de la guerre.

IBRAHIM.— Nous reconnaissons à tes œuvres Allah qui t'envoie. Serais-tu vainqueur, si Allah ne l'avait permis? Le Delta et tous les pays voisins retentissent de tes miracles.

BONAPARTE.—Un char céleste (*un ballon*) montera par mes ordres jusqu'au séjour des nuées; et la foudre descendra vers la terre le long d'un fil de métal (*un conducteur électrique*), dès que je l'aurai commandé.

SULÉIMAN.— Et le grand serpent sorti de la colonne de Pompée, le jour de ton entrée triomphante à Scanderich (*Alexandrie*), et qui est resté desséché sur le soc de la colonne, n'est-ce pas encore un prodige opéré par ta main?

BONAPARTE. — Lumières du siècle, vous êtes destinées

été imposée. Faites voir au peuple que dans le saint livre du Coran, dans plus de vingt passages, ce qui arrive a été prévu, et ce qui arrivera est également expliqué.

encore à voir de plus grandes merveilles ; car les jours de la régénération sont venus.

IBRAHIM. — La divine unité te regarde d'un œil de prédilection, adorateur d'Issa, et te rend le soutien des enfans du prophète·

BONAPARTE. — Mahomet n'a-t-il pas dit : *Tout homme qui adore Dieu et qui fait de bonnes œuvres, quelle que soit sa religion, sera sauvé?*

SULÉIMAN, MUHAMED, IBRAHIM (*ensemble, en s'inclinant*). Il l'a dit.

BONAPARTE. — Et si j'ai tempéré par ordre d'en-haut l'orgueil du vicaire d'Issa, en diminuant ses possessions terrestres pour lui amasser des trésors célestes, dites, n'était ce pas pour rendre gloire à Dieu dont la miséricorde est infinie ?

MUHAMED (*avec embarras*). — Le muphti de Rome était riche et puissant ; mais nous ne sommes que de pauvres muphtis.

BONAPARTE. — Je le sais ; soyez sàns crainte. Vous avez été pesés dans la balance de Balthazard, et vous avez été trouvés légers...... Cette pyramide ne renfermait donc aucun trésor qui vous fût connu ?

Que ceux que la crainte de nos armes empêche de nous maudire changent; car, en faisant au ciel des vœux contre nous, ils sollicitent leur condamnation : que les vrais croyans fassent des vœux pour la prospérité de nos armes.

SULÉIMAN. — Aucun, seigneur; nous le jurons par la cité sainte de la Mecque.

BONAPARTE. — Malheur et trois fois malheur à ceux qui recherchent les richesses périssables, et qui convoitent l'or et l'argent, semblables à la boue!

SULÉIMAN. — Tu as épargné le vicaire d'Issa, et tu l'as traité avec clémence et bonté.

BONAPARTE. — C'est un vieillard que j'honore (que Dieu accomplisse ses désirs quand ils seront réglés par la raison et la vérité!); mais il a le tort de condamner au feu éternel tous les musulmans; et Allah défend à tous l'intolérance.

IBRAHIM. — Gloire à Allah et à son prophète qui t'a envoyé au milieu de nous, pour réchauffer la foi des faibles, et ouvrir aux fidèles les portes du septième ciel!

BONAPARTE. — Vous l'avez dit, trop zélés muphtis : soyez fidèles à Allah, le souverain maître des sept cieux merveilleux; à Mahomet, son visir, qui parcourut tous les cieux dans une nuit. Soyez amis des Francs, et Allah, Mahomet et les Francs vous récompenseront.

Je pourrais demander à chacun de vous compte des sentimens les plus secrets de son cœur; car je sais tout, même ce que vous n'avez dit à personne. Mais un jour viendra que le monde verra

IBRAHIM. — Que le prophète lui-même te fasse asseoir à sa gauche le jour de la résurrection, après le troisième son de la trompette.

BONAPARTE. — Que celui-là écoute qui a des oreilles pour entendre : l'heure de la résurrection est arrivée pour tous les peuples qui gémissent sous l'oppression. Muphtis, imans, mullahs, derviches, calenders, instruisez le peuple d'Egypte ; encouragez-le à se joindre à nous pour achever d'anéantir les beys et les mamelouks ; favorisez le commerce des Francs dans vos contrées, et leurs entreprises pour parvenir d'ici à l'ancien pays de Brama ; offrez-leur des entrepôts dans vos ports, et éloignez de vous les insulaires d'Albion maudits entre les enfans d'Issa : telle est la volonté de Mahomet. Les trésors, l'industrie et l'amitié des Francs seront votre partage, en attendant que vous montiez au septième ciel, et qu'assis aux côtés des houris aux yeux noirs, toujours jeunes et toujours pucelles, vous vous reposiez à l'ombre du Laba, dont les branches offriront d'elles-mêmes aux vrais musulmans tout ce qu'ils pourront désirer.

SULÉIMAN (*s'inclinant*). — Tu as parlé comme le plus

avec évidence que je suis conduit par des ordres supérieurs, et que tous les efforts humains ne peuvent rien contre moi. Heureux ceux qui de bonne foi sont les premiers à se mettre avec moi !

docte des mullahs. Nous ajoutons foi à tes paroles; nous servirons ta cause, et Dieu nous entend.

BONAPARTE. — Dieu est grand, et ses œuvres sont merveilleuses. Salut de paix sur vous, très-saints muphtis. »

———————

Madame de Staël, que je me plais toujours à citer, parle ainsi de cette conversation : « Elle devait enchanter les Parisiens, parce qu'elle réunissait les deux choses qui les captivent : un certain genre de grandeur et de la moquerie tout ensemble. Les Français sont bien aises d'être émus ; le charlatanisme leur plaît, et ils aident volontiers à se tromper eux-mêmes, pourvu qu'il leur soit permis, tout en se conduisant comme des dupes, de montrer par quelques bons mots que pourtant ils ne le sont pas. »

6

SOMMAIRE.

Bonaparte ayant poursuivi jusqu'en Syrie l'armée vaincue sans combattre d'Ibrahim épouvanté, vient de
porter le siége devant Saint-Jean d'Acre. Ses treize
mille hommes ont vainement déployé tout ce qu'il était
possible d'espérer des premiers soldats du monde.
L'ennemi, plus nombreux que les Français, parfaitement approvisionné, et surtout renfermé dans d'ex-
cellens ouvrages, lorsque ceux-ci manquent de tout
et combattent à découvert, reçoit encore par mer des
secours en hommes et en munitions, qui le mettent
à même de prolonger sa défense. Bonaparte cependant
s'est vu plus d'une fois sur le point de triompher, et
peut-être serait-il parvenu à consommer son ouvrage,
s'il n'eût reçu, sur les affaires intérieures de l'Egypte,
des nouvelles alarmantes qui le déterminèrent à y
renoncer.

SOLDATS !

Vous avez traversé le désert qui sépare l'Afrique de l'Asie avec plus de rapidité qu'une armée
arabe.

L'armée qui était en marche pour envahir
l'Égypte est détruite ; vous avez pris son général,
ses équipages de campagne, ses bagages, ses ou-
tres, ses chameaux.

Vous vous êtes emparés de toutes les places fortes qui défendent les puits du désert.

Vous avez dispersé aux champs du Mont-Thabor, cette nuée d'hommes accourus de toutes les parties de l'Asie dans l'espoir de piller l'Égypte.

Les trente vaisseaux que vous avez vu arriver dans Acre, il y a douze jours, portaient l'armée qui devait assiéger Alexandrie ; mais, obligée d'accourir à Acre, elle y a fini ses destins : une partie de ses drapeaux orneront votre entrée en Égypte.

Enfin, après avoir, avec une poignée d'hommes, nourri la guerre pendant trois mois dans le cœur de la Syrie, pris quarante pièces de campagne, cinquante drapeaux, fait six mille prisonniers, rasé les fortifications de Gaza, Jaffa, Caïfa, Acre, nous allons rentrer en Égypte : la saison des débarquemens m'y rappelle (1).

(1) Il paraîtrait que c'était moins la saison des débarquemens que la brillante valeur du commodore Sydney Smith, secondant par de continuels renforts la garnison de Saint-Jean d'Acre. Madame de Staël rapporte à cet égard une particularité : « Lorsque Napoléon, en 1805,

6.

Encore quelques jours, et vous aviez l'espoir de prendre le Pacha même au milieu de son palais; mais dans cette saison la prise du château d'Acre ne vaut pas la perte de quelques jours:

fut nommé roi d'Italie, il dit au général Berthier, dans un de ces momens où il causait de tout pour essayer ses idées sur les autres : *Ce Sydney Smith m'a fait manquer ma fortune à Saint-Jean d'Acre; je voulais partir d'Égypte, passer par Constantinople, et prendre l'Europe à revers pour arriver à Paris.* » (*Considérations sur la Révolution française.*)

On a long-temps parlé d'un empoisonnement que Bonaparte consomma ou essaya de consommer sur ceux de ses malades qu'il ne pouvait emmener. Voici comme l'ex-empereur le raconte lui-même dans un petit ouvrage qu'on lui attribue (*Maximes et pensées du prisonnier de Sainte-Hélène*) : « Il y avait une centaine d'hommes attaqués de la peste, et qui n'en pouvaient revenir. Obligé de les abandonner, ils allaient être massacrés par les Turcs : je demandai au docteur Desgenettes si on ne pourrait pas leur administrer de l'opium pour abréger leurs souffrances ; il me répondit qu'il n'était chargé que de les guérir : la chose en resta là. Ils furent en effet massacrés peu d'heures après par l'ennemi. » Je

les braves que je devrais d'ailleurs y perdre sont aujourd'hui nécessaires pour des opérations plus essentielles.

Soldats! nous avons une carrière de fatigues et de dangers à courir. Après avoir mis l'Orient hors d'état de rien faire contre nous cette campagne, il nous faudra peut-être repousser les efforts d'une partie de l'Occident. Vous y trouverez une nouvelle occasion de gloire; et si, au milieu de tant de combats, chaque jour est marqué par la mort d'un brave, il faut que de nouveaux braves se forment et prennent rang à leur tour parmi ce petit nombre qui donne l'élan dans les dangers, et maîtrise la victoire.

préfère cette version à toutes celles qui ont été faites, et cela par deux raisons majeures : la première est que l'on doit écarter de la pensée tout ce qui tend à déshonorer ceux qui règnent ou ont régné sur nous; la seconde, que nous croyons, avec Luiz de Cabrera, que l'histoire des Princes ne devrait être écrite que par eux.

SOMMAIRE

Instruit par ses frères, avec lesquels il n'a cessé de correspondre, et du véritable état de la chose publique en France, et du profond mépris dans lequel le gouvernement directorial est tombé, le général Bonaparte se détermine à quitter le sol égyptien, pour reproduire aux yeux du monde le grand pas de César franchissant le Rubicon (1).

SOLDATS,

Les nouvelles de l'Europe m'ont décidé à partir pour la France ; je laisse le commandement de l'armée au général Kléber. L'armée aura bientôt de mes nouvelles. Il me coûte de quitter des

(1) Quelques écrivains, et notamment l'auteur des *Victoires et conquêtes*, ont rapporté avec trois signatures un ordre par lequel le directoire aurait prescrit au général Bonaparte de quitter l'armée d'Orient pour revenir en France. Non-seulement l'incrédulité publique a fait justice de cette prétendue pièce ; mais le désaveu même des signatures apposées m'a a été formellement donné par l'un des trois directeurs dont le nom figure au bas de l'ordre. Or, je suis autorisé à conclure ou que

soldats auxquels je suis le plus attaché; ce ne
sera que momentanément, et le général que je
leur laisse a la confiance du Gouvernement et
la mienne.

les signatures ont été surprises adroitement, ou que la
pièce elle-même est totalement apocryphe.

Néanmoins, je ne puis partager l'opinion des gens qui
attribuent à l'épouvante le départ précipité du général
Bonaparte; et s'il faut pour les convertir m'appuyer
de quelque autorité, je leur rapporterai textuellement
ce qu'en a dit une dame illustre, dans un ouvrage historique que plus d'un grand homme voudrait avoir
fait.

« On a beaucoup répété, dit madame de Staël, qu'en
s'éloignant alors, il avait déserté son armée. Sans doute
il est un genre d'exaltation désintéressée qui n'aurait pas
permis au guerrier de se séparer ainsi de ceux qui l'a-
vaient suivi, et qu'il laissait dans la détresse : mais le
général Bonaparte courait de tels risques en traversant
la mer couverte de vaisseaux anglais ; le dessein qui l'appelait en France était lui-même si hardi, qu'il est ab-
surde de traiter de lâcheté son départ d'Egypte. Il ne faut
pas attaquer un être de ce genre par les déclamations
communes : tout homme qui a produit un grand effet sur
les autres hommes doit être approfondi pour être jugé.»

SOMMAIRE.

Ayant quitté l'armée d'Orient, Bonaparte, qui médite un
grand dessein, s'est mis à la tête des forces intérieures
de la France, et prépare les esprits au coup qu'il va
frapper. C'est le 18 brumaire (1).

SOLDATS,

Le décret extraordinaire du Conseil des anciens est conforme aux articles 102 et 105 de
l'acte constitutionnel. Il m'a remis le commandement de la ville et de l'armée.

Je l'ai accepté pour seconder les mesures qu'il

(1) « Tous les partis s'étaient offerts à lui, et il leur
« avait donné de l'espoir à tous. Il avait dit aux jacobins
« qu'il les préserverait du retour de l'ancienne dynastie ;
« il avait au contraire laissé les royalistes se flatter qu'il
« rétablirait les Bourbons, il avait fait dire à Sieyes qu'il
« lui donnerait le moyen de mettre au jour la constitu-
« tion qu'il tenait dans un nuage depuis dix ans ; il avait
« surtout captivé le public, qui n'est d'aucun parti, par
« des protestations générales d'amour de l'ordre et de la
« tranquillité. »

(*Madame* DE STAEL.)

va prendre, et qui sont tout entières en faveur du peuple.

La République est mal gouvernée depuis deux ans. Vous avez espéré que mon retour mettrait un terme à tant de maux; vous l'avez célébré avec une union qui m'impose des obligations que je remplis : vous remplirez les vôtres, et vous seconderez votre général avec l'énergie, la fermeté et la confiance que j'ai toujours vues en vous.

La liberté, la victoire et la paix replaceront la République française au rang qu'elle occupait en Europe, et que l'ineptie ou la trahison a pu seule lui faire perdre (1).

Vive la République !

(1) Les champs fertiles de l'Italie, cette immortelle conquête du génie et de la valeur, venaient d'être enlevés à la République française.

SOMMAIRE.

Devenu, par le renversement du Directoire exécutif, Premier Consul de la République française, le héros donne un soupir de regret aux braves qu'il a laissés sous le ciel brûlant de l'Afrique.

SOLDATS,

Les Consuls de la République s'occupent souvent de l'armée d'Orient (1).

La France connaît toute l'influence de vos conquêtes pour la restauration de son commerce et la civilisation du monde.

L'Europe entière vous regarde. Je suis souvent en pensée avec vous.

Dans quelques situations que les hasards de

(1) On a souvent reproché au premier consul un entier oubli des forces laissées par lui en Egypte. S'il était possible à la haine d'entendre la raison, je dirais à l'instant aux détracteurs du grand homme : Compulsez dans le *Moniteur* les notes diplomatiques de ces temps, et vous verrez dans toutes l'ardent désir de faire ce que vous reprochez de n'avoir pas fait.

la guerre vous mettent, soyez toujours les soldats de Rivoli et d'Aboukir (1), vous serez invincibles.

Portez à Kléber cette confiance sans bornes que vous aviez en moi ; il la mérite (2).

Soldats, songez au jour où, victorieux, vous rentrerez sur le territoire sacré : ce sera un jour de joie et de gloire pour la nation entière.

(1) D'Aboukir surtout. Là, combattant dans la proportion d'un contre quatre, cinq mille Français trahis par la fortune détruisirent jusqu'au dernier homme, une armée de vingt mille Turcs, qui s'avançait en criant *victoire*.

(2) Ce noble témoignage est d'autant plus digne d'admiration, que, dévoré par une basse envie, Kléber, qui n'eut jamais de faiblesse que celle-là, venait de faire brûler en effigie Bonaparte dans son jardin.

SOMMAIRE.

Envoi d'une armée régulière contre les bandes de la Vendée.

SOLDATS,

Le Gouvernement a pris les mesures pour éclairer les habitans égarés des départemens de l'ouest; avant de prononcer, il les a entendus. Il a fait droit à leurs griefs, parce qu'ils étaient raisonnables. La masse des bons habitans a posé les armes. Il ne reste plus que des brigands, des émigrés, des stipendiés de l'Angleterre.

Des Français stipendiés de l'Angleterre! ce ne peut être que des hommes sans aveu, sans cœur et sans honneur. Marchez contre eux: vous ne serez pas appelés à déployer un grand courage.

L'armée est composée de plus de soixante mille braves : que j'apprenne bientôt que les chefs des rebelles ont vécu. Que les généraux donnent l'exemple de l'activité ! La gloire ne s'acquiert que par les fatigues; et si l'on pouvait l'acquérir en tenant son quartier-général dans les grandes villes, ou en restant dans de bonnes casernes, qui n'en aurait pas?

Soldats, quel que soit le rang que vous occupiez dans l'armée, la reconnaissance de la nation vous attend. Pour en être dignes, il faut braver l'intempérie des saisons, les glaces, les neiges, le froid excessif des nuits; surprendre vos ennemis à la pointe du jour, et exterminer ces misérables, le déshonneur du nom français (1).

Faites une campagne courte et bonne. Soyez inéxorables pour les brigands; mais observez une discipline sévère.

(1) En matière d'état, on n'est vertueux ou criminel que selon les temps et les lieux. Ceux que le premier consul traitait alors de misérables portent depuis quelque temps un nom tout-à-fait contraire. En valent-ils vraiment mieux? Je le demande à la France et surtout à l'humanité.

SOMMAIRE.

Retenu dans Paris pour les affaires du Gouvernement, le Consul annonce à l'armée d'Italie qu'il la remettra bientôt sur le chemin de la victoire.

SOLDATS,

En promettant la paix au peuple français, j'ai été votre organe; je connais votre valeur.

Vous êtes les mêmes hommes qui conquirent la Hollande, le Rhin, l'Italie, et donnèrent la paix sous les murs de Vienne étonnée.

Soldats, ce ne sont plus nos frontières qu'il faut défendre, ce sont les états ennemis qu'il faut envahir (1).

Il n'est aucun de vous qui n'ait fait plusieurs campagnes, qui ne sache que la qualité la plus essentielle d'un soldat est de savoir supporter

(1) Observez qu'au moment où le Consul parlait d'envahir, le territoire français n'était pas même délivré. Tel est le grand homme de guerre : certain de l'excellence de ses plans, il en parle au vulgaire comme s'ils étaient accomplis.

les privations avec constance : plusieurs années d'une mauvaise administration ne peuvent être réparées en un jour.

Premier magistrat de la République, il me sera doux de faire connaître à la nation entière les corps qui mériteront, par leur discipline et leur valeur, d'être proclamés les soutiens de la patrie.

Soldats, lorsqu'il en sera tems je serai au milieu de vous, et l'Europe étonnée se souviendra que vous êtes de la race des braves.

~~~~~~

SOMMAIRE.

L'armée d'Italie se trouve, après la perte de ses conquêtes, concentrée dans Gênes, où les maladies, les privations et les combats dévorent avec une effrayante
rapidité ses plus précieux élémens (1). Masséna la commande en chef; mais tout le génie et toute la sollicitude de ce grand capitaine ne peuvent empêcher le
découragement de s'emparer de tous les cœurs. La
discipline, la gloire, la patrie, ne sont plus pour ces
modèles des héros que des noms sans magie, sans intérêt et sans pouvoir. C'est pourtant avec ces mêmes
hommes que Bonaparte doit ouvrir une nouvelle
campagne, une campagne surtout dont dépenden
évidemment les destinées de la République.

SOLDATS (2),

Les circonstances qui me retiennent à la tête
du gouvernement m'empêchent de me trouver
au milieu de vous.

(1) La guerre, la faim, la peste faisaient alors de tels
ravages dans Gênes, que, n'ayant plus la force d'enterrer les morts, les vivans respiraient, au lieu d'air, la pu-
tréfaction de vingt mille cadavres. Selon M. le général
Thiébault, les soldats dévoraient à l'envi les herbes et

Vos besoins sont grands; toutes les mesures sont prises pour y pourvoir.

Les premières qualités du soldat sont la constance et la discipline; la valeur n'est que la seconde.

Soldats ! plusieurs corps ont quitté leurs positions, ils ont été sourds à la voix de leurs officiers; la 17ᵉ légère est de ce nombre.

Sont-ils donc tous morts les braves de Castiglione, de Rivoli, de Neumark ? Ils eussent péri plutôt que de quitter leurs drapeaux , et ils eussent ramené leurs jeunes camarades à l'honneur et au devoir.

Soldats ! vos distributions ne sont pas régulièrement faites, dites-vous ? Qu'eussiez-vous fait si, comme les 4ᵉ et 22ᵉ légères, les 18ᵉ et 52ᵉ de

les racines qu'ils pouvaient rencontrer ; et , dans un de ces effroyables repas, une compagnie de la 24ᵉ de ligne s'empoisonna tout entière en mangeant de la ciguë.

(1) J'appelle l'attention de mes lecteurs sur cette proclamation. Il n'en est peut-être pas une seule où Bonaparte ait touché d'une manière plus savante les ressorts du cœur humain.

7

ligne, vous vous fussiez trouvés au milieu du désert, sans pain ni eau, mangeant du cheval et du mulet? *La victoire nous donnera du pain,* disaient-elles : et vous, vous quittez vos drapeaux !

Soldats d'Italie ! un nouveau général vous commande (1); il fut toujours à l'avant-garde dans les plus beaux jours de votre gloire. Entourez-le de votre confiance; il ramènera la victoire dans vos rangs.

Je me ferai rendre un compte journalier de la conduite de tous les corps, et spécialement de la 17e légère et de la 63e de ligne. Elles se ressouviendront de la confiance que j'avais en elles.

(1) Masséna qui vient de terrasser, sous les murs de Zurich, l'hydre sans cesse renaissante des coalitions européennes.

SOMMAIRE.

Le premier consul s'est mis à la tête de l'armée d'Italie. Suivi de ses légions affamées de gloire, et surtout impatient de surpasser le plus grand des généraux carthaginois, il franchit avec un matériel, qu'il fait ou porter à bras ou traîner par des câbles, les sommets les plus escarpés du Saint-Bernard. C'en est fait, il campe une seconde fois sur le sol immortalisé par les Romains, et déjà l'ennemi, qui le regardait comme une proie certaine, est terrassé par lui dans les champs à jamais fameux de Montebello et de Marengo. Ces deux nouveaux triomphes, remportés en cinq jours, nous rendent, avec les fertiles contrées de la belle Italie, toute la prépondérance politique que les dernières campagnes nous avaient enlevée (1).

Soldats,

Un de nos départemens était au pouvoir de l'ennemi; la consternation était dans tout le midi de la France.

La plus grande partie du territoire ligurien,

(1) Le général autrichien Mélas demanda un armistice; et, se restreignant, en attendant la paix, à l'occupation de quelques villes, céda au premier consul tout le pays compris entre la Chiesa, l'Oglio et le Pô. C'est

le plus fidèle ami de la République, était envahie.

La République cisalpine, anéantie dès la campagne passée, était devenue le jouet du grotesque régime féodal :

à Marengo que tomba tué d'une balle le savant et vaillant général Desaix. Les dernières paroles de ce héros seront dans tous les temps sa plus belle oraison funèbre : *Allez dire au premier consul que je meurs avec le regret de n'avoir pas assez fait pour la postérité.*

On rapporte sur le vainqueur de Marengo une particularité qui n'est pas sans intérêt pour l'histoire. Il venait de décider la grande querelle qui tenait l'Europe attentive, lorsque, prenant tout-à-coup une attitude et un ton solennels, il répondit aux félicitations dont on le comblait par ces vers si connus de la *Mort de César :*

J'ai servi, commandé, vaincu quarante années;
Du monde entre mes mains j'ai vu les destinées,
Et j'ai toujours connu qu'en tout événement
Le destin des états dépendait d'un moment.

Paroles qui, dans la bouche du consul, acquièrent un nouveau degré d'intérêt, puisqu'il se trouvait en quelque sorte dans la même position que le vainqueur de Pharsale, et qu'elles peignent avec une admirable vérité l'indécision de la bataille jusqu'au moment où la victoire passa dans les rangs français.

Soldats! vous marchez..... et déjà le territoire français est délivré! la joie et l'espérance
succèdent dans notre patrie à la crainte et à la
consternation.

Vous rendez la liberté et l'indépendance au
peuple de Gênes : il sera pour toujours délivré
de ses plus cruels ennemis.

Vous êtes dans la capitale de la Cisalpine.
L'ennemi épouvanté n'aspire plus qu'à regagner
ses frontières: vous lui avez enlevé ses hôpiteaux,
ses magasins, ses parcs de réserve.

Le premier acte de la campagne est ter-
miné.

Des millions d'hommes (vous l'entendez tous
les jours) vous adressent des actes de reconnaissance.

Mais aura-t-on donc impunément violé le
territoire français? Laisserez-vous retourner dans
ses foyers l'armée qui a porté l'alarme dans vos
familles? Vous courez aux armes !... Eh bien !
marchons à sa rencontre, opposons-nous à sa
retraite, arrachons-lui les lauriers dont elle s'est
parée; apprenons au monde que la malédiction

du destin est sur les insensés qui osent insulter le territoire du grand peuple.

Le résultat de nos efforts sera GLOIRE SANS NUAGE, PAIX SOLIDE.

SOMMAIRE.

Séduites par l'or de l'Angleterre, l'Autriche et la Russie lèvent de nouveau contre la France la bannière des combats. L'empereur, car le premier consul a joint à ses conquêtes cette illustre dignité; l'empereur, disons-nous, se porte sur les rives du Rhin, et fait passer dans l'âme de ses guerriers la bouillante ardeur qui dévore la sienne.

SOLDATS,

La guerre de la troisième coalition est commencée: l'armée autrichienne a passé l'Inn, violé ses traités, attaqué et chassé de sa capitale notre allié..... Vous-mêmes avez dû accourir à marches forcées à la défense de nos frontières; mais déjà vous avez passé le Rhin..... Nous ne nous arrêterons plus que nous n'ayions assuré l'indépendance du corps germanique, secouru nos alliés, et confondu l'orgueil de nos injustes agresseurs (1). Nous ne ferons plus de paix sans ga-

(1) Voulant prouver au sénat que l'offense tout entière venait du cabinet de Vienne, l'empereur lui adressa

rantie, notre générosité ne trompera plus notre politique.

Soldats ! votre empereur est au milieu de vous;

le 23 septembre le discours d'ouverture dont nous allons rapporter des fragmens.

« . . . . . . Les vœux des éternels ennemis du continent sont accomplis : la guerre a commencé au milieu de l'Allemagne; l'Autriche et la Russie se sont réunies à l'Angleterre, et notre génération est entraînée de nouveau dans les calamités de la guerre. Il y a peu de jours, j'espérais encore que la paix ne serait point troublée, les menaces et les outrages m'avaient trouvé impassible; mais l'armée autrichienne a passé l'Inn. . . . . . .

« Je gémis encore du sang qu'il va en coûter à l'Europe; mais le nom français en obtiendra un nouveau lustre. . . . . . .

« Toutes les promesses que j'ai faites au peuple français, je les ai tenues; le peuple français, à son tour, n'a pris aucun engagement avec moi qu'il n'ait surpassé. Dans cette circonstance si importante pour sa gloire et pour la mienne, il continuera à mériter ce nom de grand peuple dont je le saluai au milieu des champs de bataille.

« Français! votre empereur fera son devoir, mes soldats feront le leur, vous ferez le vôtre. »

vous n'êtes que l'avant-garde du grand peuple ; s'il est nécessaire, il se levera tout entier à ma voix pour confondre et dissoudre cette nouvelle ligue qu'ont tissue la haine et l'or de l'Angleterre.

Mais, Soldats, nous aurons des marches forcées à faire, des fatigues, des privations de toute espèce à endurer. Quelques obstacles qu'on nous oppose, nous les vaincrons, et nous ne prendrons pas de repos que nous n'ayons planté nos aigles sur le territoire de nos ennemis.

SOMMAIRE.

Plus intéressée qu'aucune autre à délivrer la Bavière, l'armée bavaroise s'associe aux travaux de la Grande-Armée.

Soldats bavarois,

Je viens me mettre à la tête de mon armée pour délivrer votre patrie de la plus injuste agression. La maison d'Autriche vient détruire votre indépendance et vous incorporer à ses vastes états. Vous serez fidèles à la mémoire de vos ancêtres, qui, quelquefois opprimés, ne furent jamais abattus, et conservèrent toujours cette indépendance, cette existence politique qui sont les premiers biens des nations, comme la fidélité à la maison Palatine est le premier de vos devoirs.

En bon allié de votre souverain, j'ai été touché des marques d'amour que vous lui avez données dans cette circonstance importante. Je connais votre bravoure; je me flatte qu'après la

première bataille je pourrai dire à votre prince
et à mon peuple que vous êtes dignes de combattre dans les rangs de la Grande-Armée (1).

(1) Napoléon ne fut pas trompé dans son attente ;
l'armée bavaroise se battit avec une intrépidité peu commune. Ce fut alors que l'on vit s'établir entre elle et les
bataillons français la plus généreuse émulation. « *Nous
sommes mieux qu'avec vous*, dit le comte de Wrède
à l'autrichien Mack, qui venait d'être fait prisonnier dans
Ulm ; *au lieu d'avoir toujours les postes périlleux,
c'est nous qui sommes obligés de les demander.*» Nous
avons dit que Mack avait été pris. Ce général, dont la
garnison s'élevait à trente-trois mille hommes, ne crai-
gnit pas d'abandonner, pour ainsi dire sans combattre,
une des places les plus en état de faire une belle défense.
L'Europe n'a point oublié qu'il s'était déjà rendu, sans
gloire lorsqu'il marchait à la tête des Napolitains. Si la
réputation gigantesque dont ce général se vit précédé
n'était pas entièrement détruite par ces traits redoublés
de la lâcheté la plus insigne, elle le serait infailliblement
par l'épigramme que voici :

En loyauté comme en vaillance
Mack est un homme singulier :
Retenu sur parole, il s'échappe de France ;
Libre dans Ulm, il se rend prisonnier.

SOMMAIRE.

Vainqueur en vingt endroits, et maître des remparts
d'Ulm, l'empereur s'attache aux pas de l'ennemi, et
remporte un éclatant avantage près de Wertingen.
« Sénateurs, écrit-il aux Pères-Conscrits de la France,
il n'y a pas un mois que je vous ai dit que votre empereur et son armée feraient leur devoir ; il me tarde
de pouvoir dire que mon peuple a fait le sien. Depuis
mon entrée en campagne j'ai dispersé une armée de
cent mille hommes ; j'en ai fait plus de la moitié pri-
sonnière. » C'est immédiatement après le combat de
Wertingen que Napoléon ordonna de compter le mois
de vendémiaire an 14 comme une campagne pour
l'évaluation des services, et qu'il frappa les états de
la Maison d'Autriche en Souabe d'énormes contributions de guerre au profit de la Grande-Armée. Quelle
récompense ne méritaient pas en effet ces guerriers
intrépides que l'héroïque Rome eût mis au rang des
demi-dieux !

Soldats de la Grande-Armée,

En quinze jours nous avons fait une campagne ; ce que nous nous proposions de faire est
rempli : nous avons chassé de la Bavière les troupes de la maison d'Autriche, et rétabli notre
allié dans la souveraineté de ses états.

Cette armée qui, avec autant d'ostentation que d'imprudence, était venue se placer sur nos frontières, est anéantie.

Mais qu'importe à l'Angleterre ! son but est rempli : nous ne sommes plus à Boulogne, et son subside ne sera ni plus ni moins grand.

De cent mille hommes qui composaient cette armée, soixante mille sont prisonniers. Ils iront remplacer nos conscrits dans les travaux de la campagne.

Deux cents pièces de canon, tout le parc, quatre-vingt-dix drapeaux, tous leurs généraux sont en mon pouvoir : il ne s'est pas échappé de cette armée quinze mille hommes.

Soldats ! je vous avais annoncé une grande bataille ; mais, grâce aux mauvaises combinaisons de l'ennemi, j'ai pu obtenir les mêmes succès sans courir aucune chance, et, ce qui est sans exemple dans l'histoire des nations, un si grand résultat ne nous affaiblit pas de plus de 1500 hommes hors de combat.

Soldats ! ce succès est dû à votre confiance sans bornes en votre empereur, à votre patience à supporter les fatigues et les privations de toute espèce, à votre rare intrépidité.

Mais nous ne nous arrêterons pas là : vous êtes impatiens de commencer une seconde campagne.

Cette armée russe que l'or de l'Angleterre a transportée des extrémités de l'univers, nous nous allons lui faire éprouver le même sort.

A ce combat est particulièrement attaché l'honneur de l'infanterie française (1): c'est là que va se décider pour la seconde fois cette question qui l'a déjà été une fois en Suisse et en Hollande, si l'infanterie française est la première ou la seconde de l'Europe.

Il n'y a pas là de généraux contre lesquels je puisse avoir de la gloire à acquérir : tout mon soin sera d'obtenir la victoire avec le moins possible d'effusion de sang. Mes soldats sont mes enfans.

(1) Moyen très-adroit de centupler l'ardeur.

~~~~~~

SOMMAIRE.

Ivres d'orgueil et de présomption, les Russes s'avancent à grands pas pour venger les bataillons autrichiens que l'armée française a vaincus et dispersés. Ce jour. qui est le 1er décembre, aura pour lendemain l'anniversaire du couronnement de Napoléon ; et déjà les ombres que la nuit déroule sur les campagnes sont, en mémoire de ce grand événement, éclairées par un océan de feux.

SOLDATS,

L'armée russe se présente devant vous pour venger l'armée autrichienne d'Ulm : ce sont ces mêmes bataillons que vous avez battus à Hollabrunn, et que depuis vous avez poursuivis constamment jusqu'ici. Les positions que nous occupons sont formidables, et pendant qu'ils marcheront pour tourner ma droite, ils me présenteront le flanc (1).

(1) Huit jours auparavant, l'empereur passant avec son état-major près des hauteurs de Santon, avait dit aux généraux qui l'entouraient : « Observez bien cette position, messieurs ; elle jouera par nos soins un grand

Soldats, je dirigerai moi-même vos bataillons, je me tiendrai loin du feu, si avec votre bravoure accoutumée vous portez le désordre et la confusion dans les rangs ennemis (1); mais si la victoire était un moment indécise, vous verriez votre empereur s'exposer aux premiers coups ; car la victoire ne saurait hésiter dans cette journée, surtout où il va de l'honneur de l'infanterie française, qui importe tant à l'honneur de la nation.

Que sous prétexte d'emmener les blessés on

rôle dans l'histoire. » Huit jours à l'avance, il prévoyait donc la situation dans laquelle son génie allait placer l'ennemi. C'est surtout aux traits de cette nature que l'on reconnaît les hommes supérieurs.

(1) L'empereur visitant incognito les bivouacs, fut reconnu et abordé par un vieux soldat couvert de cicatrices : « Sire, lui dit ce brave, tu n'auras pas besoin de « t'exposer. Je te promets, au nom des grenadiers de « l'armée, que tu n'auras qu'à combattre des yeux, et « que nous t'amènerons demain les drapeaux et les étendards de l'armée russe pour célébrer d'une manière « digne de toi l'anniversaire de ton couronnement. »

ne dégarnisse pas les rangs (1), et que chacun soit bien pénétré de cette pensée, qu'il faut vaincre ces stipendiés de l'Angleterre, qui sont animés d'une si grande haine contre notre nation.

Cette victoire finira notre campagne, et nous pourrons reprendre nos quartiers d'hiver où nous serons joints par les nouvelles armées qui se forment en France, et alors la paix que je ferai sera digne de mon peuple, de vous et de moi.

(1) Mortellement blessé, l'intrépide général Valhubert refusa le secours de ses compagnons d'armes. « *Souvenez-vous de l'ordre du jour*, leur dit-il : *si vous revenez vainqueurs, on me relèvera après la bataille; si vous êtes vaincus, je n'attache plus de prix à la vie.*» Exhalant son dernier soupir, il écrivit à l'Empereur : « *J'aurais voulu plus faire pour la patrie et pour vous. Dans une heure j'aurai cessé d'être; je ne regrette pas la vie, puisque j'ai participé à la victoire. Quand vous penserez aux braves, souvenez-vous de Valhubert.* »

8

SOMMAIRE.

Les champs d'Austerlitz sont devenus pour l'armée française le théâtre immortel de la plus grande somme
de gloire militaire qui ait jamais été accumulée sur
une nation.

SOLDATS,

Je suis content de vous; vous avez, à la journée d'Austerlitz, justifié ce que j'attendais de
votre intrépidité; vous avez décoré vos aigles
d'une immortelle gloire : une armée de cent
mille hommes, commandée par les empereurs
de Russie et d'Autriche, a été, en moins de quatre heures, ou coupée, ou dispersée; ce qui a
échappé à votre fer s'est noyé dans les lacs (1).

(1) Cette bataille fut marquée par un effroyable épi-
sode. Acculée contre un lac par les corps réunis de Soult
et de Davoust, toute l'aile gauche de l'armée russe croit
pouvoir s'échapper à la faveur des glaces;

« Mais le bronze en grondant, de sa bouche enflammée,

« Lance, à travers les flots d'une épaisse fumée,

« Cent globes qui, brisant l'envelope des eaux,

« De vingt mille guerriers ont creusé les tombeaux».

Quarante drapeaux, les étendards de la garde impériale de Russie, cent vingt pièces de canon, vingt généraux, plus de trente mille prisonniers sont le résultat de cette journée à jamais célèbre (1). Cette infanterie tant vantée et en nombre supérieur n'a pu résister à votre choc, et désormais vous n'avez plus de rivaux à redouter. Ainsi, en deux mois, cette troisième coalition a été vaincue et dissoute. La paix ne peut être éloignée ; mais, comme je l'ai promis avant de passer le Rhin, je ne ferai qu'une paix qui nous donne des garanties, et assure des récompences à nos alliés.

Soldats, lorsque le peuple français plaça sur ma tête la couronne impériale, je me confiai à vous pour la maintenir toujours dans ce haut éclat de gloire, qui seul pouvait lui donner du prix à mes yeux ; mais dans le même moment, nos ennemis pensaient à la détruire et à l'avilir ;

(1) La déroute des Russes était si tumultueuse et si sanglante, qu'Alexandre avait fait placer sur tous les chemins des écriteaux portant ces mots : *Je recommande mes malheureux soldats à la générosité de l'empereur Napoléon.*

8.

et cette couronne de fer conquise par le sang
de tant de Français, ils voulaient m'obliger de
la placer sur la tête de nos plus cruels ennemis :
projets téméraires et insensés, que le jour même
de l'anniversaire du couronnement de votre empereur, vous avez anéantis et confondus. Vous
leur avez appris qu'il est plus facile de nous
braver et de nous menacer que de nous vaincre.

Soldats, lorsque tout ce qui est nécessaire pour
assurer le bonheur et la prospérité de notre patrie
sera accompli, je vous ramenerai en France.
Là, vous serez l'objet de mes plus tendres sollicitudes. Mon peuple vous reverra avec joie, et il
vous suffira de dire : *j'étais à la bataille d'Austerlitz*, pour que l'on réponde : *voilà un brave.*

SOMMAIRE.

La victoire d'Austerlitz ayant amené la paix, l'empereur vient promettre à ses braves compagnons un prompt retour dans la patrie.

SOLDATS,

La paix entre moi et l'empereur d'Autriche est signée (1).

Vous avez dans cette arrière saison, fait deux

(1) Quelle paix pour les alliés! C'était la dissolution du grand empire germanique ; la reconnaissance des rois de Bavière et de Wurtemberg ; la réunion au royaume d'Italie, et conséquemment à la France, des duchés de Parme et de Plaisance, de la Toscane, de Gênes et de Venise; c'était le renvoi en Russie, et par journées d'étape, de toute cette armée russe qui s'était avancée en poussant des cris de victoire. Quel exemple inouï de la toute-puissance des combats! Les vieilles bandes de Paul Ier, soixante mille de ces braves qui s'étaient formés à l'école des vainqueurs de Charles XII, dépouillent tout-à-coup leur audace et leur fierté, pour passer sous le joug comme des enfans timides !

Voulant perpétuer par les arts le souvenir de tant de

campagnes; vous avez rempli tout ce que j'attendais de vous. Je vais partir pour me rendre dans
ma capitale.

J'ai accordé de l'avancement et des récompenses à ceux qui se sont le plus distingués : je
vous tiendrai tout ce que je vous ai promis.

Vous avez vu votre empereur partager avec
vous vos périls et vos fatigues, je veux aussi que
vous veniez le voir entouré de la grandeur et de

faits immortels, l'Empereur ordonna qu'il fût élevé, au
milieu de la place Vendôme de Paris, une colonne du
genre de celle Trajane de Rome, et recouverte en entier
du bronze conquis sur les ennemis de la France. Complétement achevée, cette colonne représente, par des
bas-reliefs disposés en spirale, tout ce que la guerre eut
de plus glorieux pour la patrie, depuis la levée du camp
de Boulogne jusqu'à la paix de Presbourg. C'est à cette
disposition même que je dus, jeune encore, l'inspiration
de ce quatrain :

> Pourquoi tous ces guerriers, géans audacieux,
> De mille traits lancés affrontant la tempête,
> De ce bronze captif vont-ils chercher le faite ?
> C'est qu'après tant d'exploits leur place est dans les cieux.

la splendeur qui appartiennent au souverain du premier peuple de l'univers.

Je donnerai une grande fète, aux premiers jours de mai, à Paris: vous y serez tous, et après nous irons où nous appelleront le bonheur de notre patrie, et les intérèts de notre gloire.

Soldats, pendant ces trois mois qui vous sont nécessaires pour retourner en France, soyez le modèle de toutes les armées: ce ne sont plus des preuves de courage et d'intrépidité que vous êtes appelés à donner, mais d'une sévère discipline.

Que mes alliés n'aient pas à se plaindre de votre passage: et en arrivant sur le territoire sacré, comportez-vous comme des enfans au milieu de leur famille : mon peuple se comportera envers vous comme il le doit envers des héros ses défenseurs.

Soldats, l'idée que je vous verrai tous avant six mois, rangés autour de mon palais, sourit à mon cœur, et j'éprouve d'avance les plus tendres émotions; nous célébrerons la mémoire de ceux qui, dans ces deux campagnes, sont morts

au champ d'honneur, et le monde nous verra
tout prêts à imiter leur exemple, et à faire,
s'il le faut, encore plus que nous n'avons fait,
contre ceux qui voudraient attaquer notre honneur, ou qui se laisseraient séduire par l'or cor-
rupteur des éternels ennemis du continent (1).

(1) Ces dernières lignes ne donnent-elles pas à penser
que Napoléon connaissait déjà les secrètes intentions de
la Prusse?

SOMMAIRE.

Le roi de Naples ayant perfidement rompu la neutralité qu'il avait jurée à la France, l'Empereur a chargé son frère Joseph d'aller venger ce nouvel outrage, et de s'asseoir sur le trône du vaincu.

Soldats,

Depuis dix ans j'ai tout fait pour sauver le roi de Naples; il a tout fait pour se perdre. Après les batailles de Dégo, de Mondovi, de Lodi, il ne pouvait m'opposer qu'une faible résistance. Je me fiai aux paroles de ce prince, et je fus généreux envers lui.

Lorsque la seconde coalition fut dissoute à Marengo, le roi de Naples qui, le premier, avait commencé cette injuste guerre, abandonné à Lunéville par ses alliés, resta seul et sans défense. Il m'implora, je lui pardonnai une seconde fois.

Il y a peu de mois vous étiez aux portes de Naples. J'avais d'assez légitimes raisons, et de suspecter la trahison qui se méditait, et de venger les outrages qui m'avaient été faits ; je fus encore généreux. Je reconnus la neutralité de Naples ; je vous ordonnai d'évacuer ce royaume, et, pour la troisième fois, la maison de Naples fut raffermie et sauvée.

Pardonnerons-nous une quatrième fois? nous fierons nous une quatrième fois à une cour sans foi, sans honneur, sans raison? Non, non : *la dynastie de Naples a cessé de régner ;* son existence est incompatible avec le repos de l'Europe et l'honneur de ma couronne.

Soldats, marchez, précipitez dans les flots, si tant est qu'ils nous attendent, ces débiles bataillons des tyrans des mers. Montrez au monde de quelle manière nous punissons les parjures. Ne tardez pas à m'apprendre que l'Italie tout entière est soumise à mes lois ou à celles de mes alliés ; que le plus beau pays de la terre est affranchi du joug des hommes les plus perfides; que la sainteté des traités est vengée, et que les mânes de mes braves soldats, égorgés dans les ports de Sicile à leur retour d'Égypte, après avoir échappé aux périls des naufrages, des déserts et des combats, sont enfin apaisés (1).

Soldats, mon frère marchera à votre tête : il connait mes projets ; il est le dépositaire de mon autorité; il a toute ma confiance, environnez-le de toute la vôtre.

(1) Quoique des bandes de malfaiteurs, guidées par le prince royal, eussent essayé de faire une diversion puissante en Calabre, l'armée ne rencontra de véritable résistance que sous les murs de Gaëte. Cette résistance, toutefois, ne parvint point à ralentir nos succès ; car dès le 9 mars, c'est-à-dire dans le délai rigoureusement nécessaire à une armée pour se transporter du fond de l'Allemagne au fond de l'Italie, la dynastie de Naples avait disparu, comme par l'effet d'un souffle magique.

SOMMAIRE.

Cédant aux vains caprices de la reine son épouse , et sé-
duit par la politique astucieuse de la Grande-Bretagne,
le roi de Prusse fait de nouveaux armemens, et menace de toute sa puissance les alliés du grand empire.
A cette nouvelle, Napoléon fait un appel à ses braves
et leur annonce qu'il va marcher contre les cent cinquante mille Prussiens qui le défient. « Maréchal , dit-
« il à Berthier, on nous donne un rendez-vous pour
« le 8. Jamais un Français n'y a manqué. On dit
« qu'une belle reine veut être témoin de nos prouesses.
« Soyons courtois, et marchons, sans nous coucher,
« pour la Saxe. »

SOLDATS ,

L'ordre pour votre rentrée en France était
parti , vous vous en étiez déjà rapprochés de
plusieurs marches. Des fêtes triomphales vous
attendaient , et les préparatifs pour vous recevoir étaient commencés dans la capitale.

Mais lorsque nous nous abandonnions à cette
trop confiante sécurité , de nouvelles trames
s'ourdissaient sous le masque de l'amitié et de
l'alliance. Des cris de guerre se sont fait entendre à Berlin ; depuis deux mois, nous sommes

provoqués avec une audace qui demande vengeance.

La même faction, le même esprit de vertige
qui, à la faveur de nos divisions intestines, con-
duisit, il y a quatorze ans, les Prussiens au milieu
des plaines de Champagne, domine encore dans
leurs conseils. Si ce n'est plus Paris qu'ils veulent brûler et renverser jusque dans ses fondemens, c'est aujourd'hui leurs drapeaux qu'ils se
vantent de planter dans la capitale de nos alliés;
c'est la Saxe qu'ils veulent obliger à renoncer,
par une transaction honteuse, à son indépendance, en la rengeant au nombre de leurs provinces ; c'est enfin vos lauriers qu'ils veulent ar-
racher de votre front. Ils veulent que nous éva-
cuions l'Allemagne à l'aspect de leur armée. Les
insensés ! qu'ils sachent donc qu'il serait mille
fois plus facile de détruire la grande capitale,
que de flétrir l'honneur des enfans du grand
peuple et de ses alliés. Leurs projets furent confondus alors; ils trouvèrent dans les plaines de
Champague la défaite, la mort et la honte; mais
les leçons de l'expérience s'effacent, et il est des

hommes chez lesquels le sentiment de la haine et de la jalousie ne meurt jamais.

Soldats, il n'est aucun de vous qui veuille retourner en France par un autre chemin que celui de l'honneur. Nous ne devons y rentrer que sous des arcs de triomphe.

Eh quoi ! aurions-nous donc bravé les saisons, les mers, les déserts; vaincu l'Europe plusieurs fois coalisée contre nous; porté notre gloire de l'orient à l'occident, pour retourner aujourd'hui dans notre patrie comme des transfuges, après avoir abandonné nos alliés, et pour entendre dire que l'aigle française a fui épouvantée devant des armées prussiennes........

Mais déjà ils sont arrivés sur nos avant-postes....... Marchons donc pour les faire sortir de cette étonnante ivresse. Que l'armée prussienne éprouve le même sort qu'elle éprouva il y a quatorze ans ! qu'ils apprennent que s'il est facile d'acquérir un accroissement de domaines et de puissance avec l'amitié du grand peuple, son inimitié (qu'on ne peut provoquer que par l'abandon de tout esprit de sagesse et de raison) est plus terrible que les tempêtes de l'Océan.

SOMMAIRE.

Voulant épargner à l'humanité les sanglans et inutiles résultats d'une guerre impolitique, l'Empereur écrivit à Frédéric - Guillaume : « Sire, Votre Majesté sera « vaincue ; elle aura compromis le repos de ses jours, « l'existence de ses sujets, sans l'ombre d'un prétexte. « Elle est aujourd'hui intacte, et peut traiter avec moi « d'une manière conforme à son rang ; elle traitera « avant un mois dans une situation différente. »

Cependant que répondit le roi de Prusse à tant de magnanimité? Il persista dans l'imprudent désir de combattre, livra bataille, et perdit ses états.

La journée d'Iéna fut tellement funeste aux Prussiens, que la gazette de Berlin, celle de toutes les feuilles allemandes dont on attendait le moins de franchise, se servit de ces mots pour annoncer son malheur : « L'ar- « mée du roi a été battue ; le roi et ses frères sont en « vie. »

Soldats,

Vous avez justifié mon attente et dignement répondu à la confiance du peuple français. Vous avez supporté les privations et les fatigues avec autant de courage que vous avez montré d'intrépidité et de sang-froid au milieu des combats. Vous êtes les dignes défenseurs de l'hon-

neur de ma couronne et de la gloire du grand
peuple ; tant que vous serez animés de cet esprit
rien ne pourra vous résister. Je ne sais désormais
à quelle arme je dois donner la préférence........
Vous êtes tous de bons soldats. Voici le résultat
de nos travaux :

Une des premières puissances militaires de
l'Europe, qui osa naguère nous proposer une
honteuse capitulation, est anéantie. Les forêts,
les défilés de la Franconie, la Saale, l'Elbe, que
nos pères n'eussent pas traversés en sept ans,
nous les avons traversés en sept jours, et livré
dans l'intervalle quatre combats et une grande
bataille. Nous avons précédé à Postdam, à Berlin, la renommée de nos victoires. Nous avons
fait 60,000 prisonniers, pris 65 drapeaux parmi
lesquels ceux des gardes du roi de Prusse, 600
pièces de canon, trois forteresses, plus de 20
généraux : cependant plus de la moitié de vous
regrettent de n'avoir pas tiré un coup de fusil.
Toutes les provinces de la monarchie prussienne
jusqu'à l'Oder sont en notre pouvoir.

Soldats, les Russes se vantent de venir au-de-

vant de nous. Nous marcherons à leur rencontre,
nous leur épargnerons la moitié du chemin; ils
retrouveront Austerlitz au milieu de la Prusse.
Une nation qui a aussitôt oublié la générosité
dont nous avons usé envers elle après cette bataille, où son empereur, sa cour, les débris de
son armée n'ont dû leur salut qu'à la capitulation que nous leur avons accordée, est une nation qui ne saurait lutter avec succès contre
nous.

Cependant, tandis que nous marchons au-
devant des Russes, de nouvelles armées, for-
mées dans l'intérieur de l'empire, viennent
prendre notre place pour garder nos conquêtes.
Mon peuple tout entier s'est levé, indigné de la
honteuse capitulation que les ministres prussiens, dans leur délire, nous ont proposée. Nos
routes et nos villes frontières sont remplies de
conscrits, qui brûlent de marcher sur vos traces. Nous ne serons plus désormais les jouets
d'une paix traîtresse, et nous ne poserons plus
les armes que nous n'ayons obligé les Anglais,
ces éternels ennemis de notre nation, à renon-

cer au projet de troubler le continent, et à la tyrannie des mers.

Soldats, je ne puis mieux vous exprimer les sentimens que j'éprouve pour vous, qu'en disant que je vous porte dans mon cœur l'amour que vous me montrez tous les jours (1).

(1) Cet amour fut encore exprimé par l'ordre d'élever dans Paris, sur l'ancien terrain de la Madelaine, un temple où les vertus du soldat seraient tous les ans couronnées. Voici quelques-unes des dispositions du décret :

« Dans l'intérieur du monument seront inscrits, sur « des tables de marbre, les noms de tous les hommes, « par corps d'armée et par régiment, qui ont assisté « aux batailles d'Ulm, d'Austerlitz, et de Iéna ; et sur « des tables d'or massif, les noms de tous ceux qui sont « morts sur le champ de bataille. Sur des tables d'argent « sera gravée la récapitulation par département, des « soldats que chaque département a fournis à la grande « armée. »

« Autour de la salle seront sculptés des bas-reliefs où « seront représentés les colonels de chacun des régimens « de la grande armée avec leurs noms. Ces bas reliefs « seront faits de manière que les colonels soient groupés « autour de leurs généraux de division et de brigade par « corps d'armée. Les statues en marbre des maréchaux

« qui ont commandé des corps ou qui ont fait partie
« de la grande armée, seront placées dans l'intérieur
« de la salle.

« Les armures, statues, monumens de toute espèce
« enlevés par la grande armée dans ces deux campagnes ;
« les drapeaux, étendards et timbales conquis par la
« grande armée, avec les noms des régimens ennemis
« auxquels ils appartenaient, seront déposés dans l'in-
« térieur du monument.

« Tous les ans, aux anniversaires des batailles d'Aus-
« terlitz et de Iéna, le monument sera illuminé ; et il
« sera donné un concert précédé d'un discours sur les
« vertus nécessaires au soldat, et d'un éloge de ceux
« qui périrent sur le champ de bataille dans ces deux
« journées mémorables. Un mois avant, un concours
« sera ouvert pour recevoir la meilleure pièce de musi-
« que analogue aux circonstances. Une médaille d'or
« de 150 doubles napoléons sera donnée aux auteurs de
« chacune de ces pièces qui auront remporté le prix.
« Dans les discours et odes il est expressément défendu
« de parler de l'empereur.....»

Les gens qui vivent loin de Paris s'imaginent que le
Temple de la gloire s'élève comme un géant au milieu
des monumens qui distinguent l'ancienne reine des
cités. Ils sont dans l'erreur. Les édifices de cette nature étaient bons quand la gloire militaire était de
mode ; mais, je le demande, qu'est-ce qu'on en ferait

aujourd'hui ? Il vaut bien mieux avoir de riches églises que de pareils colifichets. Sainte-Madelaine nous tiendra compte de ce que nous avons fait pour elle dans cette occasion , et l'on sait que ses faveurs ont de la suavité : J'en appelle aux hommes de son temps.

SOMMAIRE.

Au glorieux et double anniversaire du couronnement de l'empereur et de la bataille d'Austerlitz, Napoléon fait connaître à l'armée l'intention qu'il a de marcher contre les auxiliaires de la Prusse.

SOLDATS,

Il y a aujourd'hui un an, à cette heure même, que vous étiez sur le champ mémorable d'Austerlitz. Les bataillons russes épouvantés fuyaient en déroute, ou, enveloppés, rendaient les armes à leurs vainqueurs. Le lendemain ils firent entendre des paroles de paix; mais elles étaient trompeuses. A peine échappés par l'effet d'une générosité peut-être condamnable, aux désastres d'une troisième coalition, ils en ont ourdi une quatrième; mais l'allié sur la tactique duquel ils fondaient leur principale espérance n'est déjà plus. Ses places fortes, ses capitales ses magasins, ses arsenaux; 280 drapeaux, 700 pièces de bataille; cinq grandes places de guerre sont en notre pouvoir: l'Oder, la Wartha, les déserts de la Pologne, les mauvais temps de la saison n'ont pû vous arrêter un moment. Vous avez tout bravé, tout surmonté; tout a fui à votre approche. C'est en vain que les Russes ont voulu défendre la capitale de cette ancienne et illustre Pologne, l'aigle française plane sur la Vistule. Le brave et infortuné Polonais, en vous voyant, croit revoir les légions de Sobieski de retour de leur mémorable expédition.

Soldats, nous ne déposerons point les armes que la paix générale n'ait affermi et assuré la puissance de nos alliés, n'ait restitué à notre commerce sa liberté et ses colonies. Nous avons conquis, sur l'Elbe et l'Oder, Pondichery, nos établissemens des Indes, le Cap de Bonne-Espérance et les colonies Espagnoles. Qui donnerait le droit de faire espérer aux Russes de balancer les destins? qui leur donnerait le droit de renverser de si justes desseins? EUX ET NOUS NE SOMMES NOUS PLUS LES SOLDATS D'AUSTERLITZ (1)?

(1) Il serait difficile, pour ne pas dire impossible, de rendre une vérité plus mathématique que celle-là. C'est un des grands moyens dont Napoléon se servait fréquem-

ment, pour donner aux soldats la mesure de ce qu'ils
avaient à redouter Quel soldat en effet pourrait douter
de l'issue du combat, quand son chef vient lui dire
comme l'empereur le fit à Austerlitz : « Ce sont ces
« mêmes bataillons que vous avez battus à Hollabrunn,
« et que depuis, vous avez poursuivis constamment
« jusqu'ici? » Les héros, on le sait bien, n'ont pas besoin
d'un pareil véhicule pour se conduire en héros ; mais
comme la plus vaillante des armées n'est que jusqu'à
certain point exempte de sujets qui font exception, il
convient surtout d'inspirer à ceux-ci la courageuse ardeur dont les autres sont animés. C'est en un mot aug-
menter le nombre des braves.

SOMMAIRE

La Prusse expirante, ayant, à ses derniers instans, ré-
clamé le secours des Russes, ceux-ci, qui se sont avancés
jusqu'à Preussich-Eylau, viennent de recevoir comme
elle le châtiment de leur témérité.

SOLDATS,

Nous commencions à prendre un peu de repos dans nos quartiers d'hiver, lorsque l'ennemi a attaqué le premier corps, et s'est présenté sur la basse Vistule : nous avons marché à
lui et nous l'avons poursuivi pendant l'espace
de quatre-vingts lieues. Il s'est refugié sous les
remparts de ses places, et a repassé la Prégel.
Nous lui avons enlevé aux combats de Berg-
fried, de Deppen, de Hoff, à la bataille d'Eylau,
soixante cinq pièces de canon, seize drapeaux,
et tué, pris ou blessé plus de quarante mille hommes (1). Les braves qui, de notre côté, sont restés

(1) Selon le 58ᵉ bulletin, 500 bouches à feu ont vomi
la mort de part et d'autre pendant douze heures. On

sur le champ de l'honneur, sont morts d'une mort glorieuse: c'est la mort des vrais soldats. Leurs familles auront des droits constans à notre sollicitude et à nos bienfaits.

Ayant ainsi déjoué tous les projets de l'ennemi, nous allons nous rapprocher de la Vistule et rentrer dans nos cantonnemens. Qui osera en troubler le repos s'en repentira; car au-delà de la Vistule comme au-delà du Danube, au milieu des frimats de l'hiver, comme au commencement de l'automne, nous serons toujours les soldats Français, et les soldats Français de la grande armée.

peut conclure de ce fait comme des résultats de la bataille, que cette journée a pris rang parmi les plus sanglantes des temps modernes. C'est là surtout que l'empereur a montré toute la grandeur de sa bravoure et de son génie. Non-seulement il substitua avec rapidité des plans nouveaux aux premiers qui venaient d'être découverts; mais il le fit encore d'une manière si savante, qu'une moitié de notre armée ne donna pas.

SOMMAIRE.

L'armée Russe , qui d'abord semblait vouloir respecter la paix des cantonnemens que nous avions pris ; cette armée tant de fois défaite et pourtant toujours si présomptueuse , vient de recevoir dans la plaine de Friedland le juste châtiment de ses nouvelles agressions. « C'est un jour de bonheur, s'écrie Napoléon , c'est « l'anniversaire de Marengo. »

SOLDATS !

Le 5 juin nous avons été attaqués dans nos cantonnemens par l'armée Russe: l'ennemi s'est mépris sur les causes de notre inactivité; il s'est aperçu trop tard que notre repos était celui du lion ; il se repent de l'avoir troublé.

Dans les journées de Gustadt, d'Heilsberg , dans celle à jamais mémorable de Friedland , dans dix jours de campagne enfin , nous avons pris 120 pièces de canon, sept drapeaux, tué, blessé ou fait prisonniers 60,000 Russes, enlevé à l'armée ennemie tous ses magasins, ses hopitaux, ses ambulances, la place de Kœnigsberg, les

300 bâtimens qui étaient dans ce port, chargés de toute espèce de munitions, 160,000 fusils que l'Angleterre envoyait pour armer nos ennemis.

Des bords de la Vistule, nous sommes arrivés sur ceux du Niémen avec la rapidité de l'aigle. Vous célébrâtes à Austerlitz l'anniversaire du couronnement, vous avez cette année dignement célébré celui de la bataille de Marengo, qui mit fin à la guerre de la seconde coalition.

Français, vous avez été dignes de vous et de moi. Vous rentrerez en France couverts de tous vos lauriers, et après avoir obtenu une paix qui porte avec elle la garantie de sa durée (1).

(1) Un armistice fut conclu le 21 juin, et le 25 du même mois, un pavillon élevé à la hâte au milieu du Niémen reçut les deux empereurs, qui, dans l'effusion de leur joie, s'embrassèrent à la vue des deux armées que séparait le fleuve. Ce fut là que s'établirent des conférences dont semblaient dépendre les destinées du monde. Jamais entrevue n'offrit un spectacle plus imposant. Le roi de Prusse vint bientôt compléter cette réunion qu'embellit la présence de la reine. Cette prin-

Il est temps que notre patrie vive en repos, à l'abri de la maligne influence de l'Angleterre. Mes bienfaits vous prouveront ma reconnaissance et toute l'étendue de l'amour que je vous porte.

cesse, qui joignait aux grâces de son sexe toutes les vertus d'une héroïne, fut l'objet des prévenances de Napoléon : ont eût dit que par une cour assidue, ce monarque cherchait à lui faire oublier les sarcasmes lancés contre elle dans ses bulletins.

(M. Tissot, *Histoire abrégée des guerres de la révolution française.*)

SOMMAIRE.

Napoléon qui vient de partir pour Erfurt, s'est assuré de l'amitié d'Alexandre, et annonce à l'armée son prochain départ pour l'Espagne.

Soldats ! Après avoir triomphé sur les bords du Danube et de la Vistule, vous avez traversé l'Allemagne à marches forcées : je vous fais aujourd'hui traverser la France sans vous donner un instant de repos.

Soldats ! j'ai besoin de vous. (1) La présence hideuse du léopard (2) souille les continens d'Es-

(1) Franchise admirable, déclaration pleine de grandeur. Ce mouvement a beaucoup d'analogie avec celui de Mythridate, lorsque, battu par Pompée, ce roi vient dire à ses fils : *je suis vaincu*. En disant à l'armée qu'il avait besoin d'elle, l'Empereur des Français retrempa toutes les âmes. Chaque soldat éprouva à un degré sublime le sentiment de sa dignité, et se crut à lui seul comme appelé à changer le sort du monde. C'est par de tels moyens que l'on crée les héros, car les héros n'ont que l'honneur pour inspirateur et pour guide.

(2) Une armée anglaise venait de débarquer en Espa-

pagne et du Portugal : qu'à votre aspect il fuie épouvanté ; portons nos aigles triomphantes jusqu'aux colonnes d'Hercule : là aussi nous avons des outrages à venger.

Soldats, vous avez surpassé la renommée des armées modernes ; vous avez égalé la gloire des armées de Rome, qui, dans une même campagne, triomphèrent sur le Rhin et sur l'Euphrate, en Illyrie et sur le Tage.

Une longue paix, et une prospérité durable seront le prix de vos travaux. Un vrai Français ne peut, ne doit prendre de repos que les mers ne soient ouvertes et affranchies.

Soldats, tout ce que vous avez fait, tout ce que vous ferez encore pour le bonheur du peuple Français et pour ma gloire, sera éternellement gravé dans mon cœur.

gne sous les ordres de sir John Mohr : peu de temps auparavant, sir Arthur, depuis duc de Wellington, était descendu avec 30,000 hommes dans la baie de Mondego.

SOMMAIRE.

Toujours vendue à l'Angleterre, l'Autriche ne s'est oc-
cupée depuis quatre ans qu'à secouer le joug qui lui
fut imposé à Presbourg. Elle a sous les armes 500,000
hommes dont elle fait servir une forte partie à l'envahissement de la Bavière ; mais Napoléon qu'elle croit
trop occupé au Midi pour pouvoir songer au Nord ,
se porte rapidement contre elle, et prélude par des
prodiges aux nouvelles merveilles que son génie doit
enfanter.

Soldats ! Le territoire de la Confédération du
Rhin a été violé. (1) Le général Autrichien veut
que nous fuyions à l'aspect de ses armes, et que
nous lui abandonnions nos alliés ; il arrive avec
la rapidité de l'éclair.

(1) Violé est en effet le seul mot qui convienne ; car,
indépendamment de l'absence de tout motif fondé, l'empereur François II avait peu de temps auparavant re-
nouvelé à Napoléon ses sermens d'amitié. Ces nouveaux
sermens furent amenés par l'inquiétude que témoignait
Napoléon sur les armemens de l'Autriche. A entendre le
cabinet de Vienne, l'Autriche ne voulait que se prému-
nir contre les agressions de la Turquie.

Soldats ! j'étais entouré de vous lorsque le souverain de l'Autriche vint à mon bivouac de Moravie ; vous l'avez entendu implorer ma clémence, et me jurer une amitié éternelle. Vainqueurs dans trois guerres, l'Autriche a dû tout à notre générosité ; trois fois elle a été parjure ! nos succès passés nous sont un sûr garant de la victoire qui nous attend. Marchons donc, et qu'à notre aspect l'ennemi reconnaisse son vainqueur.

~~~~~~

SOMMAIRE.

Poursuivant avec sa double armée le cours rapide de ses triomphes, Napoléon foudroie partout l'ennemi et se dispose à marcher sur Vienne. C'est dans un de ces engagemens qu'il fut blessé d'une balle au talon gauche. « Il faut, dit-il froidement, que j'aie été re- « connu par quelque Tyrolien : ces hommes-là sont « fort adroits.»

Celle de ces affaires qui tiendra le premier rang dans l'histoire, fut amenée par la prise d'un régiment français qu'attaquèrent à la fois dans Ratisbonne toutes les forces réunies du prince Charles. Informé de cet événement, Napoléon jure de le venger dans les vingt-quatre heures, fait ses dispositions et livre la bataille d'Eckmuhl.

Soldats! Vous avez justifié mon attente; vous avez suppléé au nombre par la bravoure ; vous avez glorieusement marqué la différence qui existe entre les soldats de César et les cohues armées de Xercès.

En peu de jours nous avons triomphé dans les trois batailles de Tann, d'Abensberg et d'Eck-muhl, dans les combats de Peising , de Kands-

10

hut et de Ratisbonne. Cent pièces de canon,
quarante drapeaux, cinquante mille prisonniers,
trois équipages de pont, trois mille voitures
attelées portant les bagages, toutes les caisses des
régimens ; voilà les résultats de la rapidité de
vos marches et de votre courage.

L'ennemi, enivré par un cabinet parjure, pa-
raissait ne plus conserver aucun souvenir de
vous ; son réveil a été prompt : vous lui avez
apparu plus terrible que jamais. Naguère il a
traversé l'Inn et envahi le territoire de nos alliés ;
naguère il se promettait de porter les armes au
sein de notre patrie : aujourd'hui, défait, épouvanté, il fuit en désordre ; déjà mon avant-garde
a passé l'Inn : avant un mois nous serons à
Vienne. (1)

(1) On verra dans le cours de cet ouvrage avec quelle
ponctualité cette promesse fut accomplie.

~~~~~~

SOMMAIRE.

Oubliant à-la-fois ses désastres et nos victoires ; oubliant
surtout qu'il n'était plus rien que par la générosité
de Napoléon, l'empereur François II a profité, pour
rallumer la guerre contre la France, du moment où
les Français soutenaient en Espagne une guerre d'ex-
termination. C'est en vain qu'il s'est dit le vengeur
des peuples. Les Français ont reparu, et, pour la
seconde fois, Vienne est en leur pouvoir.

SOLDATS,

Un mois après que l'ennemi passa l'Inn, au
même jour, à la même heure, nous sommes en-
trés dans Vienne.

Ses Landwehrs, ses levées en masse, ses remparts créés par la rage impuissante des princes
de la maison de Lorraine n'ont point soutenu
nos regards. (1) Les princes de cette maison ont

(1) Depuis le commencement de la campagne Vienne
offrait l'aspect d'un camp. Toutes ses avenues étaient
couvertes de cavalerie, d'infanterie, d'artillerie, de
caissons, de pontons, de bagages. Jamais on n'avait vu
tant de préparatifs de défense.

<div align="center">10.</div>

abandonné leur capitale, non comme des soldats d'honneur qui cèdent aux circonstances et
aux revers de la guerre, mais comme des parjures que poursuivent leurs propres remords.
En fuyant de Vienne, leurs adieux à ses habitans ont été le meurtre et l'incendie; comme
Médée, ils ont, de leur propre main, égorgé leurs
enfans.

Le peuple de Vienne, selon l'expression de
la députation de ses faubourgs, délaissé, abandonné, veuf, sera l'objet de vos égards. J'en prends
les bons habitans sous ma spéciale protection :
quant aux hommes turbulens et méchans, j'en
ferai une justice exemplaire.

Soldats! soyons bons pour les pauvres paysans,
pour ce bon peuple qui a tant de droits à notre
estime : ne conservons aucun orgueil de nos succès; voyons-y une preuve de cette justice divine
qui punit *l'ingrat et le parjure.*

SOMMAIRE.

L'armée d'Italie que commande en chef le prince Eugène Beauharnais, vient de couronner ses travaux par une jonction avec la grande armée.

SOLDATS DE L'ARMÉE D'ITALIE !

Vous avez glorieusement atteint le but que je vous avais marqué : Le Somering a été témoin de votre jonction avec la Grande-Armée.

Soyez les bienvenus, je suis content de vous ! Surpris par un ennemi perfide avant que vos colonnes fussent réunies, vous avez dû rétrograder jusqu'à l'Adige; mais lorsque vous reçûtes l'ordre de marcher en avant, vous étiez sur le champ mémorable d'Arcole, et là vous jurâtes sur les mânes de nos héros, de triompher. Vous avez tenu parole à la bataille de la Piave, aux combats de San-Daniel, de Tarvis, de Goritze. Vous avez pris d'assaut les forts de Molborghette, de Pradel, et fait capituler la division ennemie retranchée dans Prewald et dans Laybach. Vous n'aviez pas encore passé la Drave, et déjà vingt-cinq mille prisonniers, six cents pièces de bataille, vingt drapeaux avaient signalé votre valeur. Depuis, la Drave, la Save, la Murh n'ont pu retarder votre marche.

La colonne autrichienne de Jellachich, qui la première entra dans Munich, qui donna le signal des massacres dans le Tyrol, environnée à San-Michele, est tombée sous vos baïonnettes; vous avez fait une prompte justice de ces débris dérobés à la colère de la grande armée.

Soldats! cette armée autrichienne d'Italie, qui un moment souillait par sa présence nos provinces, battue, dispersée, anéantie, grâces à vous, sera un exemple de la vérité de cette devise : *Dio la mi diede, guai a chi la tocca.* (1) Dieu me l'a donnée, malheur à qui la touche !

(1) Devise gravée sur la couronne de fer des anciens rois Lombards.

SOMMAIRE.

Ayant tout fait pour engager la Russie à exécuter franchement le traité de paix que son souverain avait signé après la bataille de Friedland ; et ne pouvant décider l'empereur Alexandre à fermer, comme il s'y était engagé, les ports de son empire aux bâtimens Anglais, Napoléon met à l'ordre du jour qu'il va marcher contre la Russie.

Soldats,

La seconde guerre de Pologne est commencée : la première s'est terminée à Friedland et à Tilsit. A Tilsit, la Russie a juré éternelle alliance à la France et guerre à l'Angleterre ; elle viole aujourd'hui ses sermens ; elle ne veut donner aucune explication de son étrange conduite, que les aigles françaises n'aient repassé le Rhin, laissant par là nos alliés à sa discrétion.

La Russie est entrainée par la fatalité, ses destinées doivent s'accomplir. (1) Nous croit-elle donc

(1) Nous étions plus nombreux que les Russes, et ce fait est connu du monde entier ; mais que l'on mette en

dégénérés? ne serions-nous donc plus les soldats
d'Austerlitz? elle nous place entre le déshonneur
et la guerre : le choix ne sera pas douteux. Marchons donc en avant, passons le Niémen, portons la guerre sur son territoire ; la seconde

parallèle la position respective des partis, et l'on reconnaîtra bientôt que, loin de l'être trop, nous ne
l'étions point assez. En effet, les Russes en se retirant,
détruisaient leurs habitations et leurs magasins, ar-
maient et s'adjoignaient une partie de la population, se
renforçaient progressivement de toutes leurs troupes en
marche ou stationnées, et finissaient par nous opposer
sur un terrain choisi, tout ce que leur immense nation
avait d'hommes capable de combattre. La situation des
Français était bien différente. Avant d'arriver au Niémen, les maladies, les fatigues et les privations avaient
diminué grandement l'effectif de l'armée. Sur l'autre
rive, ils ne trouvaient, au lieu de vivres et de logemens,
que des traces de pillage et d'incendie ; et les causes
primitives de leur affaiblissement, se joignant chaque
jour à la nécessité de laisser des troupes sur leurs derrières, il se trouvait enfin qu'ils étaient à 700 lieues
de leur patrie, sous un ciel et sur un sol totalement in-
connus, tombant de fatigue et périssant de misère,
lorsqu'il fallait disputer la victoire à un ennemi dispos,

guerre de Pologne sera glorieuse aux armées
françaises, comme la première ; mais la paix que
nous conclurons portera avec elle sa garantie ,
et mettra un terme à la funeste influence que
la Russie a exercée depuis cinquante ans sur
les affaires de l'Europe.

bien préparé, abondamment pourvu, et se déployant à
la fois , sous les yeux de ses proches et sur la cendre
de ses pères , pour ce qu'il croyait être la défense de sa
gloire , de sa liberté, de ses biens et de ses dieux.

SOMMAIRE.

Écrasés partout où ils ont voulu résister, les Russes se décident à tenter par un dernier combat la fortune qui les poursuit. L'armée française n'est plus qu'à quinze lieues de Moscou, et si elle n'est battue, la ville chérie des Czars devient sa conquête avant vingt-quatre heures.

Cependant Napoléon s'apprête à vaincre. A peine a-t-il disposé ses légions, que le soleil caché jusqu'alors perce et dissipe tout à coup les nuages dont il est environné. A cette vue, Napoléon ne peut contenir sa joie *C'est le soleil d'Austerlitz*, s'écrie-t-il aussitôt, et 200,000 braves repètent avec lui : *C'est le soleil d'Austerlitz.*

Soldats,

Voilà la bataille que vous avez tant désirée... Désormais la victoire dépend de vous; elle nous est nécessaire; elle nous donnera l'abondance, de bons quartiers d'hiver, et un prompt retour dans la patrie. Conduisez-vous comme à Austerlitz, à Friedland, à Witepsk, à Smolensk; et que la postérité la plus reculée cite avec orgueil votre conduite dans cette journée; que l'on dise de vous : *Il était à cette grande bataille sous les murs de Moskow : c'est un brave* (1).

(1) Il ne sera peut-être pas sans intérêt de comparer avec cette proclamation, celle que fit de son côté le général en chef de l'armée Russe. Présentant à ses troupes avec un appareil religieux cette relique que les Russes ont nommée la *sainte image*, et qu'ils n'invoquent jamais que lorsque l'état est menacé. « Vous voyez, leur dit-il « d'une voix forte et solennelle, vous voyez devant vous « dans cette image sacrée du saint objet de votre adora- « tion, notre devoir de marcher contre le perturbateur « du monde. Non content de détruire l'image de Dieu « dans la personne de ses créatures, cet archi-rebelle « pénètre à main armée dans vos sanctuaires, les souille « de sang, renverse vos autels et expose l'arche du sei- « gneur à tous les genres de profanation. Ne craignez « pas que ce Dieu dont les autels ont été insultés par « ce vermisseau que sa toute-puissance a tiré de la pous- « sière, ne craignez pas dis-je, qu'il ne veuille point « étendre son bouclier sur vos rangs, et combattre son « ennemi avec l'épée de Michel.

« C'est dans cette croyance que je veux combattre et « vaincre : c'est dans cette croyance que je veux com- « battre et mourir, et que mes yeux mourans verront

« la victoire. Soldats, je vous le dis, pensez au sacrifice
« de vos cités consumées par les flammes, pensez à vos
« femmes et à vos enfans qui réclament votre protec-
« tion ; pensez à votre empereur, qui vous considère
« comme le nerf de sa force : et avant que le soleil de
« demain n'ait disparu, vous aurez écrit votre foi et
« votre fidélité dans les champs de votre patrie avec le
« sang de l'agresseur et de ses légions. »

On ne peut juger de l'esprit des deux armées que par
les divers ressorts mis en jeu pour les mouvoir.

SOMMAIRE.

Réalisant pour la France ce mot du grand Pompée, *qu'il suffirait de frapper du pied pour faire sortir des légions de la terre.* Napoléon, vainqueur des calamités de la Russie, s'est reporté avec une armée nouvelle dans les champs fertiles de la Saxe (à Lutzen). C'est là qu'échappés à la fureur des élémens, les illustres débris de la plus intrépide armée sont réduits à se placer comme des vaincus, sous la protection d'une jeunesse qui n'a jamais vu le feu, qu'aucune cavalerie ne seconde, et qui, toute novice dans l'art cruel des combats, ne sait pas même encore observer un alignement. Mais cette jeunesse est française, mais les dangers de la patrie enflamment son courage, mais elle a sous ses yeux l'exemple des héros, et, pour garant de la victoire, le génie de Napoléon.

Soldats,

Je suis content de vous (1); vous avez rempli mon attente, vous avez suppléé à tout par votre bonne volonté et par votre bravoure. Vous avez,

(1) Au commencement de la bataille, l'Empereur avait dit à l'armée : *C'est une bataille d'Egypte : une bonne infanterie soutenue par de l'artillerie doit savoir se suffire.* A la vue de Napoléon tout brûlé de

dans la célèbre journée du 2 mai, défait et mis
en déroute l'armée Russe et Prussienne commandée par l'empereur Alexandre et par le roi de
Prusse. Vous avez ajouté un nouveau lustre à la
gloire de mes aigles ; vous avez montré tout ce
dont est capable le sang français. La bataille de
Lutzen sera mise *au-dessus* des batailles d'Austerlitz, d'Iéna, de Friedland et de la Moskowa.(1)

poudre, les jeunes soldats frappaient les airs du cri chéri
de *vive l'empereur. Il y a vingt ans*, dit Napoléon,
*que je commande les armées françaises, et je n'ai
pas encore vu autant de bravoure et de dévouement.*

(1) Les 30,000 hommes que les alliés perdirent à Lutzen,
ne sont pas le plus miraculeux des titres de l'armée à
notre admiration. Dans aucune de ses campagnes l'empereur ne s'était montré si audacieux. Quelle différence
entre lui et les souverains qu'il combattait ! Tandis que,
placés sur une hauteur perdue dans l'horizon, leurs ma-
jestés se bornaient à expédier des dépêches, Napoléon
semblait avoir établi son quartier-général au foyer même
du péril ; il voyait et prévoyait tout, commandait et
payait d'exemple. En vain l'ennemi concentre sur sa
tête des nuées de boulets et de projectiles ; en vain tout
tombe autour de lui, en vain lui-même s'affaisse sur son

Dans la campagne passée l'ennemi n'a trouvé de refuge contre nos armes qu'en suivant la méthode féroce des barbares ses ancêtres. Des armées de Tartares ont incendié ses campagnes, ses villes, la Sainte Moscou elle-même! Aujourd'hui ils arrivaient dans nos contrées, précédés de tout ce que l'Allemagne, la France et l'Italie ont de mauvais sujets et de déserteurs, pour y prêcher la révolte, l'anarchie, la guerre civile, le meurtre. Ils se sont faits les apôtres de tous les crimes. C'est un incendie moral qu'ils voulaient allumer entre la Vistule et le Rhin, pour, selon l'usage des gouvernemens despotiques, mettre des déserts entre nous et eux. Les insensés! ils connaissaient peu l'attachement à leurs souverains, la sagesse, l'esprit d'ordre et le bon sens des Allemands! Ils connaissaient peu la puissance et la bravoure des Français!

Dans une seule journée, vous avez déjoué tous

cheval abattu, maître de sa pensée comme de son courage, il se relève tranquillement et continue de commander.

ces complots parricides(1)..... Nous rejetterons
ces Tartares dans leurs affreux climats qu'ils ne
doivent pas franchir. Qu'ils restent dans leurs
déserts glacés, séjour d'esclavage, de barbarie
et de corruption où l'homme est ravalé à l'égal
de la brute. Vous avez bien mérité de l'Europe
civilisée. Soldats ! l'Italie, la France, l'Allemagne
vous rendent des actions de grâces (2) !

(1) Les alliés sont terrassés, Dresde et la Saxe sont
en nos mains, rien n'égale plus l'ardeur de l'armée :
il a suffit d'un jour pour faire 100,000 héros de 100,000
conscrits.

(2) Les noms de Ney, de Drouot et de Girard sont
liés pour jamais au nom de la bataille de Lutzen. Percé
de plusieurs coups et persistant à combattre, Girard
déclara vouloir mourir à la tête de sa division, puisque
le moment était arrivé où tout Français qui avait du
cœur devait vaincre où périr. C'est à Lutzen que la
France perdit l'immortel maréchal Bessières. J'ai vu la
place où il tomba frappé d'un boulet. Obligés sans cesse
de combattre, nous ne pûmes y élever de monument,
mais la piété des villageois Saxons suppléa à notre im-
puissance. Cette place est marquée sur le bout d'un
sillon par une pierre carrée d'environ 18 pouces de hauteur.

SOMMAIRE.

L'empereur Napoléon s'est échappé de son exil. Il a reparu sur le territoire Français, et, du golfe de Juan où il est descendu, il rappelle à ses étendards toute son invincible armée.

SOLDATS,

Nous n'avons pas été vaincus : deux hommes sortis de nos rangs ont trahi nos lauriers, leur pays, leur prince, leur bienfaiteur.

Ceux que nous avons vu pendant vingt-cinq ans parcourir toute l'Europe pour nous susciter des ennemis, qui ont passé leur vie à combattre contre nous, dans les rangs des armées étrangères, en maudissant notre belle France, prétendraient-ils commander et enchaîner nos aigles, eux qui n'ont jamais pu en soutenir les regards? souffrirons nous qu'ils héritent du fruit de nos glorieux travaux? qu'ils s'emparent de nos honneurs, de nos biens, qu'ils calomnient notre gloire? Si leur règne durait, tout serait perdu,

11

même le souvenir de ces mémorables journées.

Avec quel acharnement ils les dénaturent (1) !
Ils cherchent à empoisonner ce que le monde

(1) Je vais rapporter fidèlement les proclamations de
1815. S'il plaît à quelque procureur du Roi d'y trouver
de coupables intentions, il le peut : lui seul offensera
le chef actuel de la France ; lui seul outragera le Roi,
dont la politique, la force et la grandeur sont au-dessus
de ces tyrannies subalternes. Qui ne sait, d'ailleurs, que
depuis la restauration ces mêmes proclamations ont été
publiées vingt fois, qu'elles ont même été l'objet d'exa-
mens juridiques dont elles sont sorties victorieuses ? Et
quand il serait vrai qu'elle eussent par leur nature un
caractère séditieux, est-il dans toute l'Europe un seul
homme qui ne les connaisse pas ; et celui qui, seul, pouvait en espérer quelque chose, n'a-t-il pas en mourant
cessé d'être dangereux ?

> Je ne viens point ici célébrer sa mémoire ;
> La voix du monde entier parle assez de sa gloire ;
>
> VOLTAIRE.

mais, animé d'un autre zèle, je viens transmettre à
ceux que le sort ou leur génie a mis à la tête de nos légions l'art d'enflammer les cœurs par le seul effet de
la parole ; cet art miraculeux dont Napoléon fit usage,
et qui porta jusqu'aux nues la gloire de notre patrie.

admire : et s'il reste encore des défenseurs de notre gloire, c'est parmi ces mêmes ennemis que nous avons combattus sur les champs de bataille.

Soldats ! dans mon exil, j'ai entendu votre voix : je suis arrivé à travers tous les obstacles et tous les périls.

Votre général, appelé au trône par le choix du peuple, et élevé sur vos pavois, vous est rendu ; venez le joindre.

Arrachez ces couleurs que la nation a proscrites, et qui pendant vingt-cinq ans servirent de ralliement à tous les ennemis de la France. Arborez cette cocarde tricolore, vous la portiez dans nos grandes journées. Nous devons oublier que nous avons été les maîtres des nations : mais nous ne devons pas souffrir qu'aucune se mêle de nos affaires. Qui prétendrait être maître chez nous ? qui en aurait le pouvoir ? Reprenez ces aigles que vous aviez à Ulm, à Austerlitz, à Iéna, à Eylau, à Wagram, à Friedland, à Tudéla, à Eckmülh, à Essling, à Smolensk, à la Moscowa, à Lutzen, à Wurtchen, à Montmirail. Pensez-

11.

vous que cette poignée de Français, aujour-
d'hui si arrogans, puissent en soutenir la vue?
Ils retourneront d'où ils viennent, et là, s'ils le
veulent, ils régneront comme ils prétendent
avoir régné depuis dix-neuf ans.

Vos biens, vos rangs, votre gloire, les biens,
les rangs et la gloire de vos enfans, n'ont pas de
plus grands ennemis que ces princes que les
étrangers nous ont imposés. Ils sont les ennemis
de notre gloire, puisque le récit de tant d'actions
héroïques qui ont illustré le peuple Français,
combattant contre eux pour se soustraire à leur
joug, est leur condamnation.

Les vétérans des armées de Sambre-et-Meuse,
du Rhin, d'Italie, d'Égypte, de l'Ouest, de la
grande armée, sont humiliés; leurs honorables
cicatrices sont flétries; leurs succès seraient des
crimes; les braves seraient des rebelles, si, comme le prétendent les ennemis du peuple, des
souverains légitimes étaient au milieu des armées
étrangères. Les honneurs, les récompenses, les
affections sont pour ceux qui les ont servis contre la patrie et nous.

Soldats ! venez vous ranger sous les drapeaux de votre chef ; son existence ne se compose que de la vôtre, ses droits ne sont que ceux du peuple et les vôtres, (1) son intérêt, son honneur, sa gloire, ne sont autres que votre intérêt, votre honneur et votre gloire. La victoire marchera au pas de charge ; l'aigle, avec les couleurs nationales, volera de clocher en clocher jusqu'aux tours de Notre-Dame. Alors vous pourrez montrer avec honneur vos cicatrices ; alors vous pourrez vous vanter de ce que vous aurez fait : vous serez les libérateurs de la patrie.

Dans votre vieillesse, entourés et considérés de vos concitoyens, ils vous entendront avec respect raconter vos hauts faits ; vous pourrez dire avec orgueil : « *Et moi aussi je faisais partie de cette grande armée qui est entrée deux fois dans les murs de Vienne, dans ceux de Rome,*

---

(1) Il y aurait selon moi manière d'interpréter cette phrase. Napoléon, comme souverain, s'était en effet despotiquement emparé des droits et de l'existence du peuple et de l'armée ; mais ce n'est pas là sans doute ce qu'il voulait dire à la France.

de Berlin, de Madrid, de Moscou, qui a dé-
livré Paris de la souillure que la trahison et
la présence de l'ennemi y ont empreinte. »
Honneur à ces braves soldats, la gloire de la
patrie! et honte éternelle aux Français criminels,
dans quelque rang que la fortune les ait fait
naître, qui combattirent vingt-cinq ans avec
l'étranger pour déchirer le sein de la patrie.

SOMMAIRE.

Napoléon a reconquis son empire. Chef encore une fois de la France et des Français, il se revoit après cent périls affrontés devant ce même palais où il eût tant de flatteurs et si peu d'amis, tant de gloire et si peu de repos. Les troupes envoyées la veille pour le détruire sont toutes devant lui. Il les passe en revue avec la même sécurité qu'aux plus beaux jours de sa puissance, il en reçoit les mêmes hommages que sur les plus fameux champs de victoire. C'est alors que paraissent les compagnons de son exil. Restés d'une marche en arrière par l'effet même de leur rapidité, ils viennent après un an d'absence, se replacer parmi leurs frères.

SOLDATS!

JE suis venu avec **six cents hommes** en France, parce que je comptais sur l'amour du peuple et sur le souvenir des vieux soldats. Je n'ai pas été trompé dans mon attente : soldats, je vous en remercie. La gloire de ce que nous venons de faire est toute au peuple et à vous : la mienne se réduit à vous avoir connus et appréciés.

Soldats ! le trône des Bourbons était illégitime, (1) puisqu'il avait été relevé par des mains étrangères ; puisqu'il avait été proscrit par le vœu de la nation, exprimé par toutes nos assemblées nationales ; puisqu'enfin il n'offrait de garantie qu'aux intérêts d'un petit nombre d'hommes arrogans, dont les prétentions sont opposées à nos droits.

Soldats ! le trône impérial peut seul garantir les droits du peuple, et surtout le premier de nos intérêts, celui de notre gloire. Soldats ! nous allons marcher, pour chasser de notre territoire ces princes auxiliaires de l'étranger. La nation non seulement nous secondera de ses vœux, mais même suivra notre impulsion. Le peuple Français et moi, nous comptons sur

(1) Si, à la nouvelle de son débarquement, l'Autriche l'avait secondé comme il s'y attendait, Napoléon aurait-il attaqué *dans les mêmes termes* la légitimité du trône des Bourbons ? Pour moi, j'ai la faiblesse de croire que le plus légitime des gouvernemens est celui qui de tous sait le mieux se faire aimer.

vous : nous ne voulons pas nous mêler des affaires des nations étrangères; mais malheur à
qui se mêlerait des nôtres.

Voilà les braves du bataillon qui m'a accom-
pagné dans mon malheur; ils sont tous mes
amis. Ils étaient chers à mon cœur : toutes les
fois que je les voyais, ils me représentaient les
différens régimens de l'armée ; car dans ces six
cents braves, ils y a des hommes de tous les
régimens. (1) Tous me rappelaient ces grandes

---

(1) « Tant que Napoléon n'avait eu d'autre trône que
« son rocher, ils s'étaient montrés aussi désintéressés
« que fidèles; lorsqu'il eut recouvré sa couronne, ils se
« flattèrent que leur dévouement serait généreusement
« récompensé. Les uns, que l'honneur seul avait atta-
« chés au sort de Napoléon, jouissaient d'avance des
« louanges, des titres et des cordons qui leur seraient
« prodigués ; les autres, animés de sentimens moins
« élevés, aspiraient à des biens plus réels. La garde et
« ses dignes chefs n'ambitionnaient que la seule faveur
« de conserver le glorieux titre de *Grenadiers de l'île*
« *d'Elbe*. Vaines illusions ! La pensée de l'Empereur,
« absorbée tout entière par d'autres soins, ne se repor-

journées , dont le souvenir m'est si cher, car
tous sont couverts d'honorables cicatrices reçues
à ces batailles mémorables. En les aimant , c'est
vous tous, soldats de toute l'armée française, que
j'aimais. Ils vous rapportent ces aigles ; qu'elles
vous servent de ralliment ! en les donnant à la
garde , je les donne à toute l'armée.

La trahison et des circonstances malheureuses
les avaient couvertes d'un voile funèbre; mais
grâce au peuple français et à vous, elles repa-
raissent resplendissantes de toute leur gloire.
Jurez qu'elles se trouveront toujours partout
où l'intérêt de la patrie les appelera ; que les
traîtres , et ceux qui voudraient envahir notre
territoire , n'en pourront jamais soutenir les
regards.

« tait plus vers les braves qui avaient partagé son exil
« et ses malheurs. Cependant ce moment d'oubli n'est
« point le temps de dégénérer en ingratitude : il fut ré-
« paré. Des grades, des dotations, des indemnités leur
« furent accordés ; et, s'ils n'eurent point à se louer
« complétement de Napoléon, ils cessèrent du moins
« d'avoir à s'en plaindre. »

SOMMAIRE.

Ayant harangué l'armée, l'Empereur s'adresse
à l'Empire.

FRANÇAIS ! la défection du duc de Castiglione
livra Lyon sans défense à nos ennemis. L'armée
dont je lui avais confié le commandement était,
par le nombre de ses bataillons, la bravoure et
le patriotisme des troupes qui la composaient,
en état de battre le corps d'armée autrichien
qui lui était opposé, et d'arriver sur les derrières du flanc gauche de l'armée ennemie, qui
menaçait Paris. (1)

(1) Il est mille fois certain que le maréchal Augereau
flétrit tous ses lauriers dans la campagne de France.
Napoléon lui avait pourtant écrit par l'organe du maréchal Berthier, d'oublier ses cinquante-cinq ans, pour
ne se rappeler que des beaux jours de Castiglione. Il n'en
tint aucun compte et se laissa complaisamment rejeter
derrière l'Isère avec une armée qui aurait sauvé la patrie
s'il eût exécuté avec zèle et courage les instructions qu'il
avait reçues.

Les victòires de Champ-Aubert, de Montmirail, de Château-Thierry, de Vauchamp, de
Mormans, de Montereau, de Craone, de Rheims,
d'Arcy-sur-Aube et de Saint-Dizier; l'insurrection des braves paysans de la Lorraine, de la
Champagne, de l'Alsace, de la Franche-Comté
et de la Bourgogne, et la position que j'avais
prise sur les derrières de l'armée ennemie, en
la séparant de ses magasins, de ses parcs de réserve, de ses convois et de tous ses équipages,
l'avaient placée dans une situation désespérée.
Les Français ne furent jamais sur le point d'être
plus puissans, et l'élite de l'armée ennemie était
perdue sans ressource; elle eut trouvé son tombeau dans ces vastes contrées qu'elle avait si
impitoyablement saccagées, lorsque la trahison
du duc de Raguse livra la capitale et désorganisa
l'armée. (1) La conduite inattendue de ces deux
généraux, qui trahirent à la fois leur patrie,

(1)On vantait il y a quelques jours en ma présence l'intrépide manière dont le jeune capitaine Marmont se
montra jadis sur le Rhin devant toutes les masses du

leur prince et leur bienfaiteur, changea le destin de la guerre; la situation de l'ennemi était telle qu'à la fin de l'affaire qui eut lieu devant Paris, il était sans munitions par la séparation de ses parcs de réserve.

Dans ces nouvelles et grandes circonstances, mon cœur fut déchiré, mais mon âme resta inébranlable; je ne consultai que l'intérêt de la patrie, je m'exilai sur un rocher au milieu des mers : ma vie vous était et devait encore vous être utile. Je ne permis pas que le grand nombre de citoyens qui voulaient m'accompagner, partageassent mon sort; je crus leur présence utile à la France, et je n'emmenai avec moi

général Clairfait. C'est alors, ajouta quelqu'un, que la patrie pouvait lui dire :

> Tu n'as point démenti ma gloire et mon estime,
> Va, conserve à jamais cet esprit magnanime:
> Que Rome admire en toi son éternel soutien.
> Grands Dieux ! que ce héros soit toujours citoyen !
> Dieux ! ne corrompez pas cette âme généreuse,
> Et que tant de vertu ne soit pas dangereuse !

VOLTAIRE.

qu'une poignée de braves, nécessaires à ma garde.

Elevé au trône par votre choix, tout ce qui a été fait sans vous est illégitime. Depuis vingt-cinq ans, la France a de nouveaux intérêts, de nouvelles institutions, une nouvelle gloire, qui ne peuvent être garantis que par un gouvernement national et par une dynastie née dans ces nouvelles circonstances. Un prince qui régnerait sur vous, qui serait assis sur mon trône par la force des mêmes armées qui ont ravagé notre territoire, chercherait en vain à s'étayer des principes du droit féodal ; il ne pourrait assurer l'honneur et les droits que d'un petit nombre d'individus ennemi du peuple, qui depuis vingt-cinq ans, les a condamnés dans toutes nos assemblées nationales. Votre tranquilité intérieure et votre considération extérieure seraient perdues à jamais.

Français ! dans mon exil j'ai entendu vos plaintes et vos vœux ; vous réclamez ce gouvernement de votre choix, qui seul est légitime : Vous accusiez mon long sommeil ; vous me repro-

chiez de sacrifier à mon repos les grands intérêts de la patrie.

J'ai traversé les mers, au milieu des périls
de toute espèce ; j'arrive parmi vous reprendre
mes droits qui sont les vôtres. Tout ce que des
individus ont fait, écrit, ou dit depuis la prise
de Paris, je l'ignorerai toujours ; cela n'influera
en rien sur le souvenir que je conserve des services importans qu'ils ont rendus ; car il est des
événemens d'une telle nature, qu'ils sont au-
dessus de l'organisation humaine. (1)

Français ! Il n'est aucune nation quelque pe-
tite qu'elle soit, qui n'ait eu le droit de se soustraire et ne se soit soustraite au déshonneur
d'obéir à un prince imposé par un ennemi mo-

(1) J'aime mieux cela qu'un pardon tout cru. L'un
fait de l'homme un criminel gracié, tandis que, reje-
tant tout sur le torrent des circonstances, l'autre
lui laisse au moins le bonheur de l'illusion. Ce n'est
point en avilissant les hommes qu'on se les attache,
mais en leur persuadant, sinon qu'ils ont bien fait, du
moins qu'ils ne pouvaient mieux faire. Il ne faut pas se
le cacher, c'est là tout le secret du pouvoir.

mentanément victorieux. Lorsque Charles VII
rentra dans Paris et renversa le trône éphémère
de Henri VI. Il reconnut tenir son trône de la
vaillance de ses braves, et non d'un prince ré-
gent d'Angleterre.

C'est aussi à vous seuls et aux braves de l'armée, que je fais et ferai toujours gloire de tout
devoir.

SOMMAIRE.

Victorieux encore sur le terrain même où Jourdan s'immortalisa en 93, Napoléon qui, la veille, a détruit ou dispersé 120,000 Prussiens commandés par Blucher, se prépare incontinent à marcher contre 120,000 Anglais dirigés par Wellington.

SOLDATS,

C'est aujourd'hui l'anniversaire de Marengo et de Friedland, qui décida deux fois du destin de l'Europe. Alors, comme après Austerlitz, comme après Wagram, nous fûmes trop généreux ! nous crûmes aux protestations et aux sermens des princes que nous laissâmes sur le trône ! Aujourd'hui, cependant, coalisés contre nous, ils en veulent à l'indépendance et aux droits les plus sacrés de la France. Ils ont commencé la plus injuste des agressions: ne sommes-nous plus les mêmes hommes ?

Soldats ! à Iena, contre ces mêmes Prussiens, aujourd'hui si arrogans, vous étiez un contre

12

trois, et à Montmirail, un contre six! que ceux
d'entre vous qui ont été prisonniers des Anglais
vous fassent le récit de leurs pontons et des maux
affreux qu'ils ont soufferts (1).

Les Saxons, les Belges, les Hanovriens, les

(1) La faim, le dénuement, l'insalubrité, les outrages
ne sont, on ne l'oubliera jamais, qu'une très-faible partie
de ces maux. Les Anglais avaient fait du séjour des pontons une espèce de torture dont le but était de forcer
de s'enroler dans leurs bataillons ceux en qui le patriotisme et l'honneur agissaient le moins puissamment.
Les bourreaux chargés de ces tortures s'en acquittaient
sans doute avec toute la férocité que l'on attendait d'eux,
mais quelque barbares qu'ils se montrassent, et ce sont
eux-mêmes qui nous rendent cette justice, peu de nos
guerriers cédèrent à leurs infames propositions. On en
vit même se réjouir de voir la mort arriver pour offrir
pure encore aux dieux de la patrie une glorieuse existence que les boulets avaient épargnée.

Il est d'autant plus adroit à Napoléon de rappeler ici
tant d'outrages et tant de maux, qu'un grand nombre
de ses soldats sortaient alors des pontons anglais, et
qu'il n'était pas un seul de ces braves dont le cœur ul-
céré ne bouillonnât encore de rage, de douleur et d'in-
dignation.

soldats de la Confédération du Rhin gémissent d'être obligés de prêter leurs bras à la cause de princes ennemis de la justice et des droits de tous les peuples. Ils savent que cette coalition est insatiable. Après avoir dévoré douze millions de Polonais, douze millions d'Italiens, un million de Saxons, six millions de Belges, elle devra dévorer les états du deuxième ordre de l'Allemagne.

Les insensés ! un moment de prospérité les aveugle. L'oppression et l'humiliation du peuple Français sont hors de leur pouvoir ! S'ils entrent en France, ils y trouveront leur tombeau.

Soldats, nous avons des marches forcées à faire, des batailles à livrer, des périls à courir ; mais avec de la constance la victoire sera à nous ; les droits, l'honneur et le bonheur de la patrie seront reconquis.

Pour tout Français qui a du cœur, le moment est arrivé, de vaincre ou de périr. (1)

(1) Paroles empruntées du général Girard à la bataille de Lutzen.

~~~~~~

SOMMAIRE.

Vaincu à l'instant même où la victoire lui souriait, Napoléon a vu s'écrouler d'un seul coup l'immense échafaudage de sa nouvelle puissance. C'est en vain qu'il demande aux représentans de la nation les secours dont il a besoin pour venger les désastres de Mont-Saint-Jean ; les représentans, divisés d'opinion, se déclarent en insurrection contre lui, et il est réduit une seconde fois à descendre du trône où son génie l'avait porté.

SOLDATS,

Quand je cède à la nécessité qui me force à m'éloigner de la brave armée française, j'emporte avec moi l'heureuse certitude qu'elle justifiera, par les services éminens que la patrie attend d'elle, les éloges que nos ennemis euxmêmes ne peuvent pas lui refuser.

Soldats ! je suivrai tous vos pas, quoiqu'absent. Je connais tous les corps, et aucun d'eux ne remportera un avantage signalé sur l'ennemi, que je ne rende justice au courage qu'il aura déployé. Vous et moi nous avons été calomniés.

Des hommes absolument indignes d'apprécier vos travaux ont vu dans les marques d'attachement que vous m'avez données, un zèle dont j'étais le seul objet : que vos succès futurs leur apprennent que c'était la patrie par-dessus tout que vous serviez en m'obéissant, et que, si j'ai quelque part à votre affection, je le dois à mon ardent amour pour la France, notre mère commune !

Soldats ! encore quelques efforts, et la coalition est dissoute ! Napoléon vous reconnaîtra aux coups que vous allez porter. (1)

« Sauvez l'honneur, l'indépendance des Français. Soyez jusqu'à la fin tels que je vous ai con-

---

(1) Il nous connaissait bien, celui qui attendait de nous tout ce qu'un beau désespoir peut enfanter de prodiges ; cent fois il nous avait vus au champ d'honneur appelant de tous nos vœux un trépas dignes de notre vie : mais ce jour-là tout devait changer. L'ennemi que nous avions si souvent vaincu, s'établit en paix dans nos foyers ; et nous, nous jadis la terreur de tout ce qui n'était pas Français, nous trouvâmes à peine sur un coin de notre patrie, l'azile que, trois années auparavant.

12.

nus depuis vingt-cinq ans, et vous serez invincibles.

nous prenions à notre choix dans les quatre parties du monde. Mais consolons-nous,

> « Les anneaux qu'Annibal à Canne eut en partage
> Pourront bien être un jour reconquis dans Carthage,
> Et du chêne abattu les rejetons nouveaux
> Atteindre la hauteur de ses premiers rameaux. »

Emm. Dupaty.

SOMMAIRE.

Assailli par toutes les armées de l'Europe, lâchement vendu par la plupart de ceux qu'il avait comblés de bienfaits, Napoléon qu'une trahison nouvelle livre, pour ainsi dire, à tous ses ennemis, dépouille à la fois la puissance et les grandeurs, paraît devant sa garde assemblée pour l'écouter, arrache à tous les yeux des larmes héroïques, et s'échappe comme un trait pour aller vivre au sein des mers.

SOLDATS,

Je vous fais mes adieux; je suis content de vous. Depuis vingt-cinq ans, je vous ai toujours trouvés sur le chemin de la gloire.

Les puissances alliées ont armé toute l'Europe contre moi : Une partie de l'armée a trahi ses devoirs, et la France elle-même a voulu d'autres destinées. (1)

Avec vous et les braves qui me sont restés

(1) La dynastie des bourbons a dû prendre acte de cet aveu.

fidèles, j'aurais pu entretenir la guerre civile pendant trois ans ; mais la France eût été malheureuse, ce qui était contraire au but que je me suis proposé.

Soyez fidèles au nouveau roi que la France s'est choisi ; n'abandonnez pas cette chère patrie trop long-temps malheureuse.

Ne plaignez pas mon sort : je serai toujours heureux, lorsque je saurai que vous l'êtes.

J'aurais pu mourir, rien ne m'aurait été plus facile ; mais je suivrai sans cesse le chemin de l'honneur (1).

J'écrirai ce que nous avons fait.

Je ne peux pas vous embrasser tous, mais j'embrasse votre général (2). Qu'on m'apporte l'aigle : chère aigle ! (*s'écria-t-il*) que les bai-

---

(1) Le désespoir n'est pas d'une âme magnanime ;
Souvent il est faiblesse, et toujours il est crime.

GRESSET.

(2) Le général Petit, digne, sous mille rapports, de cette immortelle faveur.

sers que je te donne retentissent dans le cœur
de tous les braves (3) !

(3) Le bruit en résonne encore : non que les vrais
citoyens regrettent le conquérant qui enchaîna toutes
leurs libertés, mais parce qu'il est naturel aux grands
cœurs de s'identifier avec les malheurs d'un grand
homme.

———

Nota. Pour suivre l'ordre établi, cette proclamation
aurait dû être placée avant celle qui est page 161.

DE L'IMPRIMERIE DE P. DUPONT.

www.ingramcontent.com/pod-product-compliance
Lightning Source LLC
Chambersburg PA
CBHW070408090426
42733CB00009B/1577